岁时节日

王国棉 著

民俗山西

MINSU SHANXI

杨茂林 主编

序

《左传·僖公二十八年》："子犯曰：'战也。战而捷，必得诸侯。若其不捷，表里山河，必无害也。'"

杜预　注："晋国外河而内山。"

瞧这一片南北狭长的地带，地势由东北斜向西南逐渐下沉，里里外外分布着高山大河，几乎把山西全境给围了起来，造就了山西典型的黄土高原景致：一望无际覆盖的黄土，一览无余广布的山脉，几乎是山峦叠嶂、岭谷纵横，丘陵起伏、沟壑遍野，不乏险峻幽深，不缺粗犷雄秀，山色不同、神态各异，干旱少雨、四季分明。数千年来，我们的祖先一辈一辈生活在这里，自给自足，繁衍生息，同这块属于温带大陆性季风气候的土地相存相生相斗相融，把这里耕耘成了北方地区较为适合人类居住的地方。我一直认为，这个区域就是大自然的能量和人类的力量结合得最完美和最充分的地方之一。

一

东是巍峨雄伟的太行山脉，诸多名山从东北倾西南构成系

列山地，恒山、句注山、五台山、系舟山、太行山、太岳山、王屋山、中条山呈“多”字形延展，雄浑壮阔、不同凡响，不仅是黄土高原的东界，而且是中国地形第二阶梯的东缘。这里地势险要，山高林密，河川交织，干旱少雨，山间存在着不少沉降盆地。上党盆地周边群山环绕，清漳河、浊漳河汇流此地，平畴绿野，嘉禾郁郁，涓涓细水，成河飞流，泽州盆地周围皆山，中部平坦，丹河、沁河流穿其间，森林茂密，水源富集，岩洞奇绝，瀑布垂练，都是一派自然天成、引人入胜的景色。其南端主要是中条山脉，其中历山北倚汾渭地堑，南临黄河谷地，山势陡峭、山丘众多，气候温暖、雨量充沛；中条山兀立于运城盆地和黄河谷地间，陡峰深谷、层峦叠翠，丛林荫蔽、草甸丰美，适宜人类繁衍生息。太行山脉是我们祖先最早出现的地区之一，早在 180 万年前，远古人类就开始在这里活动，历经旧石器和新石器时代，留下了人类起源和社会演进的诸多轨迹，如曾经在北部山麓地带狩猎为生的许家窑人，在中部东麓过着原始定居生活的磁山人，在南边过着刀耕火种采集狩猎群居生活的下川人，还有离我们更近的、已经步入青铜时代的东下冯人。是这片古老广袤厚实的土地，以及生活在其上的粗犷淳朴勤劳的先人，一起创造共享传承了丰富多彩、恢弘大气的中华文明的历史篇章。

西是覆盖深厚黄土的吕梁山脉，自东北向西南横亘着七峰山、洪涛山、管涔山、芦芽山、云中山、黑茶山、关帝山、紫荆山、龙门山等断块山地，宛如一条脊梁，中间隆起两边低延。从西坡看，吕梁山地向黄河谷地延伸，整体上东高西低，黄土广泛覆盖，受季风影响，气候干旱温暖，丘陵众多，墚峁成群，沟壑纵横，间有台垣盆地，地形支离破碎；从东坡看，黄土断续分布，山多坡广川少，气候湿润寒冷，有土石山区、黄土丘陵、沿川河谷，有高山峻岭、高山草甸、高山天池，也有寒温带针叶林、温带针阔叶混交林、暖温带阔叶林。吕梁山脉也是我们祖先较早活动的区域，从旧石器时代起就有人类生存，吉县柿子滩遗址有中国历史上最早的“火塘”遗迹，到新石器时代，人类活动更加频繁，成为沟通中原和西部地区交往的重要纽带。吕梁山是个很奇特的地方，自然条件恶劣、生存环境艰苦，但数千年来，我们的祖先与天斗、与地斗，开创了适合自身的生产生活方式，成就了代代相传、生生不息的人类传奇。

两山之间则是一连串狭长的台阶式下降的断陷盆地，由东北向西南依次延伸，大致连成一条飘动的走廊，土地平坦，聚水避风，流淌着多条非常重要的河流，省域内数百处石器时代人类文化遗址几乎全部分布在这些河流两岸的台地与山前丘陵

地带上。大同盆地在省域北部，是北方之门户，边缘山地丘陵，留有多座火山，桑干河从中流过，两岸地势平坦宽广。至少约 2.8 万年前，在旧石器时代晚期，峙峪人就在这里繁衍生息。下来就是省境中部偏北的忻州盆地，有高山环绕，还有洪积平原发育的滹沱河上游谷地和地势平坦的忻定盆地。旧石器时代中期这里就出现了人类劳动，新石器时代更是广泛聚居着属于仰韶文化和龙山文化类型遗存的原始部落。太原盆地在省域中部，东西与山地相接，盆地由北东向南西延展，汾河中游穿过，土地宽阔肥沃。盆地边缘环绕着黄土台地和黄土丘陵，在仰韶时期就有人类活动，到了龙山时期，先人则出现在平原周边稍高的地方。往南过霍山口是临汾盆地，至侯马折向西，东西以大断层与山地相接，汾河下游穿经流入黄河，土壤肥沃，气候温暖。晚更新世早期的“丁村人”就在这里生活繁衍，过着采集狩猎的集体生活。作为山西新石器时代早期的枣园稼穑，就折射出先民早期的农业活动情况。陶寺文化更是标志了文明社会的到来，农耕成为养育先民的基本的生产生活方式。最后是运城盆地，省域西南部一个强烈的沉降盆地，盆地内多河湖堆积，涑水河由东北向西南流入黄河，四季分明、无霜期长。这里留存有很多旧石器时代至龙山文化晚期遗迹，是寻找夏文化源头的重要区域。

世界上很少有自然环境如此艰苦，人类的生命力又如此顽强生长、旺盛充沛的地方。我深切感到，这片土地非常慷慨，对一切已经发生、正在发生以及将要发生的都悉心收纳，从不推诿放弃，不会让任何劳动没了收获，至迟从180万年前开始，就以兼爱无私的博大胸怀，无怨无悔、不离不弃地养育了一代一代命运多舛、抗争不息、勤劳不怠、淳朴诚实的先民，留下了女娲造人、精卫填海、后羿射日、愚公移山等感人故事；而先民对自身价值的发现，对文明社会的探索，都来自身下这片土地，他们不断窥探自然的奥秘，挖掘生活的价值，调节社会的关系，忍耐痛苦的折磨，享受人生的快乐。凡此种种，经年累月，就在山西这样一个相对封闭的区域内，长出了富有特色的民俗文化，流出了含蓄而奔放、凄美而热烈的山西故事。我经常想，只有深刻了解了这片土地及其上的所生所长，人们才能进一步认识到，这个世界上多灾多难的古老民族，为何能一路走来、生生不息！

的确，自先民最早踏上这块土地，便在这里开拓自己、和纳他人。由于地理位置和特殊条件，农耕民族和游牧民族在这里持续对峙碰撞，不断有新民族迁入、有汉民族迁出，经常是大出大进，所以多民族在此杂居生活、交融文化，加之区域内各地环境差异较大，地理、水文、气候、物产、语言等多有不

同，使得生产生活、居民性格、社会交往等各具特色，因此，这里的民俗文化自然也是多元生长、丰富多彩，形式有异、特点纷呈。事实上，山西民俗有中国北方汉民族的文化共性，也蕴含独特的地域风情，这是自然因素的影响，也是民族融合的特殊文化气质的渗透。从胡服骑射到文明新装、从穴居野处到晋商大院、从羊皮筏子到黄河大桥，都呈现出物质精神生活的演进以及生产生活方式的变化，透露了山西民俗所涉及的民族生活和繁衍的信息，以及带来的关于民族生存和发展的启示，使人更加深刻地感受了传统文化视野下山西区域的人与人、人与自然、人与社会的关系。特别是，虽然这里生存条件不是很好，有些地方还很恶劣，人们活得比较艰苦，但是他们始终追求美好的强烈愿望、敢为人先的奋斗精神、诚信守义的生活态度，确实都通过民俗文化及其背后故事生动地跃然纸上，令我们感慨不已。作为后人，我们要有敬畏，应该倍加珍惜！

二

山西民俗涉及人们的衣食住行以及信仰、禁忌等方方面面的内容，有显著的活态特点和十分广泛的群众基础。从理论上看，“民”一般指民间或百姓，“俗”则多指其生活习惯或方式所涉及生活的文化。葛剑雄先生认为，“俗”比较稳定，存在时间较长，影响范围较大，这样“俗”被越来越多的人接受，逐渐成了群体生活的重要部分。而钟敬文先生则认为，民俗既是一种历史文化传统，也是人民现实生活中的一个重要组成部分。我个人以为，“民俗”形成的本身就是一个动态过程，然而一经历史沉淀就会成为传统，在得到群体认同的过程中，也会在观念、信仰、准则、习惯、制度等方面得到反映。因此说，民俗具有深刻的文化意义，是传统文化的重要内容，是不同地区人们生活智慧文化的外在体现。在挖掘整理和深入研究中，我始终有个深刻感受，那就是山西民俗是一种活化的历史文化资源，是传统文化的基础或底蕴，会与不断变化的现实环境相结合衍生出新的形式和内容。而在历史和文明演进中，山西民俗作为传统文化，在民间已经外化为制度和规约，内化为观念和认知，不仅在过去，而且在当下，在百姓日常生活乃至国家社会治理方面都起着重要作用。

事实上，民俗虽然说的是百姓的事情，但是具有非常强烈的主体意识，与民族的生命活力及其延续本身密切相关，很容易实现身份认同，享有共同的生命观。从民俗元素中抽象出的传统文化，都具有原始环境的本真韵味，是原初的思想和根底的行为，凝聚了最基本的人类思想和情感要素。从山西民俗中，可以发现不同时代的人的思想和行为特质，可以从人们思

想情感、生产生活中探寻那些流淌着的文化乡愁，那种与泥土青草、村落民居、山川河流同构的浓郁传统生活，通过人与人、人与物、人与天地之间的联系，来透视生长其中的信仰、情感、希望、乐观等。山西民俗反映了人类的生命力，以及人类在生生不息中摆脱不了的宿命。正如楼宇烈先生所认为的那样，生命是一代一代相延续的，父母子女、兄弟姐妹之间有血脉联系，彼此之间都是有责任、义务的。因此，从薪火相传意义上说，山西民俗在本质上就是一种代代延续、辈辈传承的责任或者义务。张岱年先生认为，中国传统文化有两个基本精神，一是“以人为本”，强调人的价值，表现人的自我认识和道德自觉心；一是“以和为贵”，强调人人和谐共进，表现人们的求同存异和多样性统一。山西民俗是特别讲求这些基本精神并以此为底色或本质的。

我国历史源远流长，多民族统一大国是两千年来的基本国情。任继愈先生认为，这个国情综合地显示着中华民族的思想文化、生活准则、宗教信仰、伦理规范、风俗习惯和政治制度。在他看来，观察中国历史、研究中国问题，都不能不以这个国情为出发点，又落脚到这个出发点。显然，任先生这段话主要是从形而上角度来思考的，但对我们深刻认识山西民俗文化有启示意义，因为多民族统一大国的两千多年的基本国情，同样是由悠久流长、多姿多彩的、与百姓生产生活如影随形的民俗文化显示的。换句话说，就是山西民俗文化能从多个角度、在多个层面反映着这一基本国情的思想、准则、信仰、伦理、习惯、制度的主要内容。所以，按照历史唯物主义的观点立场方法，对山西民俗进行文化意义上的梳理分析，更好展示其源流、概括其特点、阐释其价值、揭示其发展规律，对于进一步讲好中华文明、体现中华文明智慧力量，具有重要意义。

山西民俗需要守护和创新。楼宇烈先生说，传统就是我们的原创。这话很有道理。山西民俗作为这样一种原创性的重要传统文化，不能片面理解或者武断排斥，而要全方位记录好保存好，更要主动传承好弘扬好。在当下数据时代、智能社会背景下，在城市化迅猛发展进程中，山西民俗也要创新，以求更好生存发展，融入现代社会并发挥积极作用。因为，每种民俗都镌刻着传统文化内涵，流淌着民族精神价值，都会随着时代变迁而精进发展。今天，百年未有大变局与科技变革大趋势，为这种发展规定了方向和提供了条件。荀子有句话说得好，“循其旧法，择其善者而明用之”，意思是用其善并发扬光大，是发展的核心要义。我以为，其中最大的善，就是在发展中不断彰显人类的生命价值、拓宽人们的精神世界。对民俗文化研究而言，就是围绕生命本身及其延续意义，着力构建起更为广泛

的血脉联系和责任义务，并通过不断创造来维护血脉联系和履行责任义务。

山西民俗作为传统文化的重要组成部分留存至今，一定有它长期留存的原因，那些传统社会反复出现的生产生活方式，持续作用的约定俗成、长期持有的信仰禁忌，都与我们能走到今天有直接关系。五年前，当我们以山西文明历史角度，开始研究和撰写《民俗山西》时就讨论过，通过编撰这套文化读物想告诉读者什么、用什么方式告诉、期待产生什么效果的问题。自那以后，这些问题一直伴随着相关的挖掘整理、分析研究、撰写修改的全过程。现在本书即将付梓出版，我们对问题的答案更加清楚了，那就是以人为本、以文化人，不忘本来、面向未来，尽量做到系统全面、图文并茂，着力融合历史性和学术性，力求兼顾现实性和可读性，在此基础上，把一幅幅鲜活生动的民俗画卷奉献给读者，把一个个富有智慧的生产生活启示展现给世人，这应该就是我们研究历史的学者要担起的使命责任吧！

是为序。

杨茂林

2022年3月　太原

目　录

概 述

“岁时，风俗中一事也，达之天下大略皆同。”岁时节日是中国传统农耕文明的产物，是指与天时、物候的周期性变化相适应，在漫长的历史发展过程中逐步形成的，具有某种风俗活动内容的特定日子。岁时节日主要有三个方面的社会文化要素：相对固定的节期、特定的民俗文化内容和稳定的本土特色。岁时节日萌芽于先秦，成长于秦汉魏晋南北朝时期，定型于隋唐两宋时期。然而，由于各地社会历史状况的差异，自然环境、生产条件和生活习惯的不同，即使同一时节，具体民俗风情也是千姿百态，各有千秋。特殊的历史文化和地域环境，形成了许多山西独有的岁时节日民俗，山西人对过节格外讲究，民间广泛流传着“四大节，八小节，二十四个毛毛节”的俗语。山西的这些民间节日源于农耕社会的生产生活习俗和古代天文历法的观念与成果，具有一定的合理性、科学性和较为稳定的传承性，是中华民族节日文化的重要组成部分。

山西的岁时节日内涵丰富，具有鲜明的地域文化特点。山西人的“四大节”是指春、夏、秋、冬四个大节日，即春节、夏节（端午节）、秋节（中秋节）和冬节（冬至节），这“四大节”都是在古代历法四季观念的基础上产生的。中国古代的天

文历法较为发达，早在商周时期，就已经明确了春分、夏至、秋分、冬至这四个时令节气。每到这些特定的节气时间，官方都要举行诸如春社、劝农、祭祀、秋报等特定的祭祀礼仪，如《礼记·月令》中记载的那样：立春时鼓励春耕，不得兴兵；春分时整饬田畴，修正封疆；立夏时命官出行原野，为天子劳农劝民；夏至诸事未定，需小心谨慎；立秋五谷丰登，祭祀土地神灵；秋分寒意来袭，人应躲入室内；立冬天地闭塞，修缮宫室城池；冬至天寒地冻，要塞尽皆关闭。中国自给自足的农耕经济有赖于季节时令，立春躬耕、夏初劝农、秋祭神灵、冬日养藏，完美地和四时节令相适应，并产生了与一年四季相对的节日，进而传承不息。

而山西人的"八小节"更是充分体现了山西人的传统观念和思想特色，是山西人伦理道德、宗教信仰和审美追求的充分体现。这八个节日包括上元节、龙头节、清明节、谷神节、中元节、重阳节、寒衣节和腊八节。二月二龙头节的风俗广为流行，是中华民族龙图腾崇拜的体现；清明上坟祭祖、十月送寒衣是缅怀先人、教育后人和家族兴旺理念的反映；元宵节的旺火彩灯、秧歌小戏、锣鼓说唱、游艺杂技等活动，充分展现了

山西人的聪明才智和文化底蕴。

在春秋战国时期，中国特有的二十四节气已经基本形成，汉代则明确地把一年划分成二十四等份，对农业生产起着重要的指导作用，为我国特有的岁时节日的形成提供了必备的前提。山西有所谓“二十四个毛毛节”，指的是二十四个与节气密切相关、在山西民间实际存在并长期传承下来的有明确岁时与风俗的节日。流传下来的这些节日主要有：立春、迎喜神节（正月初一或初三）、祭祖节（正月初二）、送穷节（正月初五）、人日节（正月初七）、石头节（正月初十）、填仓节（正月二十和二十五）、龙头节（正月二十一）、寒食节（清明节前一日）、上巳节（三月三）、财神节（三月十五）、关帝节（五月十三）、天贶节（六月六）、观音得道日（六月十九）、七夕节（七月七）、祭灶节（腊月二十三）、除夕节（腊月三十，小年为腊月二十九）等。

从山西人讲究的“四大节，八小节，二十四个毛毛节”这些岁时节日中我们可以看出，有明确的日期和有相沿成习的风俗活动是岁时节日形成所必需具备的条件。过去山西以农耕经济为主，受山区无霜期短等自然条件的影响，山西在正月与腊

月的节日最多，约占全年的一半以上，体现出山西岁时节日分布的不均衡性。山西人称腊月至正月为“年节”，一切活动都围绕着“过年”，对年节的态度远胜于其他节日。腊月至正月既是农闲季节，更是充满期盼与憧憬的季节，山西人把所有能融入年节的活动都包容进来，充分享受休闲、欢娱和口腹之乐，因此，山西有“正月天天是过年”的说法。

历史地看，岁时节日民俗经历了形成、发展、传承和变异的漫长过程。山西民间岁时节日，与其他汉族地区岁时节日相比，有时间、称谓以及风俗等方面的差异；与北方少数民族地区岁时节日相比，有相同也有相异；与西南少数民族岁时节日相比，差异就更为明显。这些差异不仅反映了山西区域文化的鲜明特点，更体现出中华民族传统文化多元性的巨大魅力。由于种种原因，山西岁时节日风俗的传承较为稳固，许多地方已经消失的节日风俗，至今仍在山西保持着顽强的生命力，也在山西各地的节日文化中得以明显体现。

热闹红火的春节民俗

“爆竹声中一岁除，春风送暖入屠苏。千门万户曈曈日，总把新桃换旧符。”北宋王安石这首脍炙人口的《元日》诗，形象地描绘出古人过春节时的热闹喜气景象。如今的春节更是中国人阖家团圆、举国欢庆的传统节日。山西人的春节主要以除旧布新、祭祖拜神、禳灾驱邪、祈祷丰年等主题展开，内容和细节充分体现出山西的地域文化，其内容丰富多彩，热闹喜庆，年味浓厚。

祭灶节

“二十三，祭罢灶，小孩拍手哈哈笑；再过五六天，大年就来到；辟邪盒，耍核桃，滴滴点点两声炮；五子登科乒乓响，起火升得比天高。”这首民谣反映了小年来到，孩子们期盼过年的欢乐心情。

农历十二月二十三日（或二十四日），民间称为“过小年”，同时也是“灶君节”（祭祀灶君的节日），这天要吃好喝好来庆贺。祭灶的风俗由来已久。

关于古人祭灶的日期，历来说法不一，有正月、四月、五月、八月、十二月等等。在我国封建社会里，多教并存，神灵数目众多，民间习惯一概敬之。或许是为了简化统一，易记易行的缘故，把灶君每月上天禀报一次的说法，演变成了每年上

民间祭灶

天一次，并且把时间固定在腊月二十三日或二十四日。这一天，也就成了传统的祭灶节日。

灶君，又称灶王爷、灶神。早期曾有炎帝、祝融为灶君之说，后来又衍生出许多说法。在中国土生土长的道教兴盛以后，曾借《经说》之论，将灶神说成是一位女性老母。“管人住宅。十二时辰，善知人间之事。每月朔旦，记人造诸善恶及其功德，录其轻重，夜半奏上天曹，定其薄书。”后来又发展成了既有灶君爷爷，又有灶君奶奶之说，而且在不同的地区，灶君夫妇又由不同的人选来充当，同时伴随有许多当地流行的

民间传说故事。

其实，在夏朝时灶王就已经成了民间尊崇的一位大神，《论语》中有“与其媚于奥，宁媚于灶”的记载。先秦时期，祭灶位列“五祀”（五祀为祀灶、门、行、户、中雷五神，中雷即土神；另说为门、井、户、灶、中雷；或说是行、井、户、灶、中雷）之一。祭祀时要设立神主，用丰盛的酒食作为祭品，还要用到鼎俎、笾豆等祭祀礼器。这种祭祀活动带有明显的原始拜物教的痕迹。

灶君是人们在锅灶边供奉的掌管一家福祸的神，祭灶君寄托了劳动人民一种祛邪、避灾、祈福的美好愿望，过去家家户户都供有“灶君”神位。民间传说，每年农历十二月二十三日灶君要回天宫向玉帝交旨，禀报每家每户的善恶，来表示自己一年掌管民间事务的结束。传说灶君爷上天专门在玉帝面前告人间罪恶，一旦被告，大罪就会减寿三百天，小罪就要减寿一百天。所以人们在祭祀灶君的时候，都必须小心地去打点一下灶君，要专门陈设供品，以求灶君多多包涵、高抬贵手，不要让自己受到惩罚。祭灶君时，灶君神像一般是贴在锅灶旁边正对风匣的墙面上。两边的配联多为“上天言好事，下界保平安”，下联也有写成“回宫降吉祥”的。中间是灶君夫妇神像，神像旁边往往画两匹马作为坐骑。

在祭灶君的时候，家中年长者都要祝福一番，以祈祷保

又甜又黏的糖瓜瓜

佑全家平安幸福。同时，要供设糆瓜瓜，这是一种用小米熬制成的软糖，吃起来又黏韧又香甜。吃了这糆瓜瓜，灶王说出来的话都会是甜言蜜语，上天定会说好事，回宫也会降吉祥，来求得老天爷的保佑。又因为农历十二月二十三日这天离过大年已经很近，有些贫穷的家庭无衣无食，很难过年，故民间也有“要命的糆瓜瓜”之说。

在山西境内，绝大部分地区是腊月二十三日祭灶。只有榆社、文水、黎城、阳城等少数地方是腊月二十四日祭灶。旧俗人们有“女不祭灶”的讲究，那时祭灶往往是男人们的事情。但近现代以来这种习俗得到了改变，大多数由家庭主妇来充当祭灶的角色。

祭灶时，供品中最重要的是糖瓜。晋北地区习惯用饧，它是麻糖的初级品，特别的黏，现在统称为麻糖。民间现在依然有“二十三，吃饧板”的说法。糖、饧之类的食品既甜又黏，

取意灶君顾了吃，顾不了说，上天后嘴被饧糖粘住，就不会说三道四，再生是非了。供品中还要摆上几颗鸡蛋，是给狐狸、黄鼠狼之类的零食。据说这些动物都是灶君的部下，不能不打点一下。祭灶时除上香、送酒以外，还要特地为灶君的坐骑撒些马料，要从灶台前一直撒到厨房门外。这些仪程完了以后，就要将灶君神像拿下来烧掉，等到除夕时再设新神像。在晋北地区广泛流传着“腊月二十三，灶君爷爷您上天，嘴里吃了糖饧板，玉皇面前免开言，回到咱家过大年，有米有面有衣穿”的民歌，体现了老百姓对美好生活的追求与向往。

祭灶节，山西大多地方讲究吃饺子，取意“送行饺子迎风面”，山区则多吃糕和荞面。而在晋东南地区则流行吃炒玉米，民谚有“二十三，不吃炒，大年初一一锅倒”的说法。人们喜欢将炒玉米用麦芽糖粘结起来，冰冻成大块，吃起来酥脆香甜。

在晋东南地区民间广泛流传着一首歌谣：“二十三，打发老爷上了天；二十四，扫房子；二十五，蒸团子；二十六，割下肉；二十七，擦锡器；二十八，沤邋遢；二十九，洗脚手；三十日，门神对联一齐贴”，生动地体现了年关临近，人们为过年做准备工作时的紧张节奏和繁忙景象。而一首童谣：“二十三，祭罢灶，小孩拍手哈哈笑；再过五六天，大年就来到；辟邪盒，耍核桃，滴滴点点两声炮；五子登科乒乓响，起火升得比天高。”更是体现了儿童企盼过年的欢快心理。

过了二十三，民间认为各路神仙都上了天，就不用讲究什么禁忌了。娶媳妇、聘闺女不用择日子，称为“赶乱婚”。因此，直至年底，山西各地举行结婚典礼的人家特别多。民谣也有“岁晏乡村嫁娶忙，宜春贴子逗春光。灯前姊妹私相语，守岁今年是洞房”的说法。在晋南和晋北忻州大部分地方流行一种风俗，住在娘家的媳妇必须在腊月二十三以前赶回婆家，准备过年诸事。定襄秧歌《回婆家》唱道：“腊月二十三，天上扬雪花，俺今儿回婆家，心里开了花……”

腊月二十三以后，大人、小孩都要洗浴、理发，民间有“有钱没钱，剃头过年”的说法。吕梁地区讲究在腊月二十七日洗脚。这天傍晚，婆姨汝子都用开水洗脚，不懂事的女孩

又美又香的晋南花馍

子，大人们也要帮她把脚擦干净，不留一点污秽。民间传有“腊月二十七，婆姨汝子都洗脚。一个不洗脚，流脓害水七个月”的俗语。

过了二十三，离春节只剩下六七天了，过年的准备工作显得更加热烈了，到处是人们忙碌的身影，山西从南到北都流行着“忙腊月”的习俗。在所有准备工作中，剪贴窗花、蒸花馍、写春联这三种工作是年节前最盛行、最有文化气息的民俗活动。

窗花体现的山西民间地域特色非常明显，内容形态极为丰富，只要是百姓熟悉和感兴趣的事物，都是窗花创作的依据。涉及内容最多的有各种动物和植物的掌故，如喜鹊登梅、燕穿桃柳、孔雀戏牡丹、狮子滚绣球、三羊（阳）开泰、二龙戏珠、鹿鹤桐椿（六合同春）、五蝠（福）捧寿、犀牛望月、莲（连）年有鱼（余）、鸳鸯戏水、刘海戏金蝉、和合二仙等等。也有各种戏剧故事，民俗有“大登殿，二度梅，三娘教子四进士，五女拜寿六月雪，七月七日天河配，八仙庆寿九件衣”的说法，体现了民间百姓对戏剧故事的喜爱。有新媳妇的人家，新媳妇要带上自己剪制的各种窗花，回婆家糊窗户，左邻右舍还要前来观赏，看她手艺如何。至今流行于吕梁山区的中阳民俗剪纸、流行于晋北广灵县和灵丘县的染色剪纸、流行于晋南和晋中广大区域的民间剪纸，都是蕴含着丰富年节信息的民间优秀文化遗产。

从腊月二十三开始，家家户户都要蒸花馍。花馍大体上分为敬神和走亲戚用的两种类型，前者庄重，后者花哨。特别要制作一个大枣山，以备供奉灶君。通常是“一家蒸花馍，四邻来帮忙”。蒸花馍往往是民间女性一展灵巧手艺的大好机会，一个花馍，就是一件手工艺品。盛产小麦的晋南，花馍既是饭桌上的主食，也在重要的供奉、祭祀等民俗活动中被广泛使用。花馍造型既有花鸟鱼虫和水果，又有人物和各种动物，形式多样，五彩缤纷，讲究繁多，具有很强的艺术性。晋南花馍不仅是礼俗，更是艺术。又美又香的晋南花馍是当地劳动人民智慧的见证，成为影响深远的山西非物质文化遗产之一。

腊月二十三以后，家家户户还要写春联。民间讲究有神必贴，每门必贴，每物必贴，所以春节的对联数量最多，内容最全。神灵前的对联特别讲究，多为敬仰和祈福之言。常见的有天地神联：“天恩深似海，地德重如山”；土地神联：“土中生白玉，地内出黄金”；财神联：“天上财源主，人间福禄神”；井神联：“井能通四海，家可达三江”。面粮仓、畜圈等处的春联，则都是表示热烈的庆贺与希望，如“五谷丰登，六畜兴旺”“米面如山厚，油盐似海深”“牛似南山虎，马如北海龙”“大羊年年盛，小羔月月增”等等。另外还有些单联，如每个室内都贴“抬头见喜”，门对面贴“出门见喜”，旺火上贴“旺气冲天”，

院内贴“满院生金”，树上贴“根深叶茂”，石磨上贴“白虎大吉”，等等。大门上的对联，是一家的门面，特别重视，或抒情，或写景，内容丰富，妙语连珠。另外，山西民间还流行在门楣上张挂彩色门笺的风俗，通常是在四张彩纸上写着“迎喜接福”“喜迎新春”“风调雨顺”之类的吉祥词语。门笺与春联一起，形成了山西民间直接以文字形式彰显节日喜庆气氛的风俗事物，具有色彩强烈、词句朴实、寓意明快的特色。

除夕

“一夜连双岁，三更分两年。”除夕是“年主日”，是一年的最后一天，也是春、夏、秋、冬四季中的最后一个节日，民间俗称“年三十”，这天晚上称为“除夕”。

为迎接新的一年到来，除夕这天，家家户户忙碌着张贴对联，摆供祭神，清洁扫除等。尤其是除夕这天要彻底清扫室内外环境，即使平时很少去收拾打扫的犄角旮旯，这一天也要特别认真地打扫干净，俗话说“柴有柴样，炭有炭样，清水洒街，黄土垫厕。院里院外，喜气洋洋”。到了晚上，要供神烧香，称为“接神”。还要在房顶上放一把笤帚，上面拴着红布条，传说是扫除“九头雉鸡精”，防止它路过屋顶时给自己家滴上血，以免除一年中的不吉利。

山西民俗认为春节期间天地诸神要降临人间，与民同乐。年三十，要为诸神精心安排宫寝，对天地神与灶君神尤为隆重。天地神的宫寝设在院里，靠近正面上方，摆一张长桌，四周围以特别的幔帐，上面供奉“天地三界十方万灵真宰神位”，俗称天地爷，天地和合而万物生，民间也往往以天地来代表一切神灵。如果是特别讲究的人家，还要在长桌外面搭成彩棚，装饰以松枝柏叶。香炉蜡台也比较讲究，香炉大多用木斗盛黍米来充当。木斗的前后左右及上方，皆用黄色纸裱出，意喻土地，正面贴“满斗焚香”斗方。这种习俗，应该属于一种五谷丰收以后的感激之举。在天地神位前面，还要铺设毡毯，因为大年初一，村人互相拜年，均在天地神位前进行，天地神位的一切陈设，反映着一家的兴与衰，因此布置起来也就特别认真了。灶君的神像，由于位置紧挨锅台，进门就能看到，成了室内的一种重要陈设。还因为灶君神像一贴就是一年，会不断受到烟熏气蒸，保护显得特别重要。细心者，要用秸杆及五色彩纸，扎成一座宫殿形外罩，配以能够活动的门。平时关闭双门，敬香、祭酒时才打开双门。对于其他诸神的安奉，民间都要擦洗香炉，换上新的砂子，形式与内容就比较简单一些。

安排诸神的工作完成后，接下来就要邀请列祖列宗及一切亡故亲人的灵魂回家与亲人共度佳节，一般是安排在一个不住人的空屋子里。存有家谱的人家，要将家谱恭恭敬敬地悬挂起

来。没有家谱的人家，要设置亡人灵牌。灵牌分两种，一种是用木材加工而成，外面配有金匣。平时灵牌装在金匣内，除夕这一天要从套匣内取出陈列；另一种是用白麻纸做成，用尺许长八寸宽麻纸，折叠成方筒状，每面二寸宽，正面贴红纸三寸许，祖先名讳写于其上，如“故显考某（姓）公讳某（名）暨妣某（姓）氏之神主”，称为“亡疏”，也有的折成灵牌式样，写法同上（古礼丧父曰考，丧母曰妣）。背面粘在秸杆上，插在斗方内供奉。有的地方讲究有灵位者不再写“亡疏”，也有的地方是灵牌与“亡疏”同时祭供。有些大户人家传统是除夕晚上“安神”以后，才写“亡疏”，讲究“先神后祖”。多数老百姓要请人写疏，往往在白天里便将这些工作准备完毕。

除夕这天要贴对联、贴字楼、贴门神。贴对联时，山西民间特别讲究倒贴“福”字，照壁上的福字斗方，一定要头朝下。因为“倒”与“到”同音，照壁又位于一进门的方位。春节这一天拜年时，一进院要喊“福倒（到）了！福倒（到）了！”取意吉利。字楼，亦称“挂签”，是往大门上贴的方形喜庆装饰，用五色彩纸染成，下面配有马饰形穗子，共五张，中间一块为太阳图案，其余四张写“喜迎春节”等吉祥祝语，要一字并排，贴在门楣上。山西人的门神大多贴的是秦琼和尉迟恭的图像，也有的贴神荼和郁垒兄弟两人，还有的人家是在门上贴钟馗像。春联、字楼、门神皆起源于古代的桃符，原意是驱邪，今天同样转化为吉祥的象征物了。旧俗贴上春联、字楼、门神以后，就象征已经过年了。人与人见了面，只能祝福，忌讳反目，债主要停止向欠债者要钱。这一天，许多人家门上要悬挂松枝柏叶，凡是忌讳在腊月二十四贴年画的地方，这一天就将年画贴出来，室内室外呈现出一派崭新的气象。

除夕这天，山西大多地方讲究垒旺火，以图“旺气冲天”。谁家的火堆大，着得旺，谁家的旺气也大。正如清朝《大同县志》所述：“元旦，家家凿炭伐薪垒垒高起，状若小浮图。及时发之，名曰旺火。”对于旺火，民间有一种说法，传说古时候，有一种叫“年”的怪兽，经常在缺乏食物的岁末从山林中出来祸害人类。后来人们发现，这种怪物非常害怕红颜色和火光，只要望见就慌忙逃走。于是人们在过年时就点旺火、捆草把、糊灯笼来驱赶年。今天，旺火、草把、灯笼都已成了一种烘托节日气氛、增添幸福感的象征。

每年从除夕到元宵节这段时间里，在阳泉的平定县、朔州的怀仁县，到处都可以看到这种特殊的旺火。平定旺火是用黄土和成泥与砖垒砌成高约 1.5 米、直径约 0.5 米左右的圆柱形，形似棒槌。然后在上面掏挖出几十个圆孔，里面装上炭块，点燃后，燃烧的火苗就会从这些圆孔里面喷射出来，当地也叫“棒槌火”。平定旺火一般在元宵节的前三天开始准备和进行。据说，这是为了纪念女娲娘娘曾在此地的东浮山上炼石补天。

平定东浮山的岩石与别的地方不同，轻如多孔的海绵，呈赤褐色，入水不沉，当地人叫它“浮石”。与东浮山相对的是位于寿阳县境内的西浮山，相传东、西浮山都是女娲炼石倒出来的炉渣。根据地质考证，东、西浮山其实是一个远古时候火山喷发遗留下来的火山堆。有学者专门研究了平定塔火习俗，认为煤的发现与这种习俗之间有一定的联系，女娲炼五彩石补天有可能是人类烧煤的开始。

怀仁旺火是把煤炭像石头一样一层一层垒砌起来点燃，外地人说是垒旺火，本地人叫拢旺火。若论旺火规模之宏大，造型之讲究，当以怀仁县城内的旺火为最。其特点有四个：选煤精良、造型美观、逐年增高、规模庞大。拢旺火讲究底小、肚大、顶尖、内空，呈宝瓶形状，只有这样，才能达到燃烧净尽而旺火不塌。怀仁旺火已被列入山西省公示的第二批省级非物质文化遗产和山西省首批 15 个民族传统节日元宵节（旺火）保护示范地之一。随着怀仁旺火的声名远扬，其旺火正向节能、环保的产业化方向发展，当地及周边出现了十多个用农作物秸秆或用黄土加煤粉合成的煤砖制作的环保旺火，真正达到传统文化与时代文化的有机结合，让这一传统文化得以传承和发展。

山西民间讲究在旺火上烤馍馍吃，在旺火前熏烤一下新衣服，都能消灾祛病。如果将街上的旺火接到自己家炉灶内生

熊熊燃烧的怀仁旺火

火，预示着新的一年会家庭兴旺、财源茂盛。旺火是迎神祭天的一种传统习俗，也是人们点燃的新年新希望。

除夕，吕梁地区的一些乡村，大人小孩都担着水桶，到河沟里打冰块。担回后放在阴凉处，待到夜深人静时，把冰块砸碎成拳头大小，满院洒开。另在院落的四角，放四块大冰，意喻银子满院、人丁兴旺。在山西一些山庄小村，老人们要到泉里打水，称为“净水”。传统礼俗，一般用酒祭祀神灵、祖宗，山区贫困，只好以水代酒。如今生活富裕了，山区也开始用酒祭祀，但老人们依然习惯水酒兼用。

除夕这一天吃的每顿饭都要敬神敬祖。饭前，要鸣炮示

知，傍晚，要集中放一阵炮，并焚香、敬纸，习惯称为“安神”，犹如人间宴会以前发散请柬，邀请天地诸神，俗语有“安神不响炮，爷爷不知道”。山西多数地方“安神”包括了天地诸神、列祖列宗，也有些地方习惯单独迎请祖宗。雁北乡村在初更时分，要在门外焚烧五色彩纸，称为“楮帛”，然后做出恭迎贵客的姿势，称为“请祖宗”。

“爆竹一声除旧岁，桃符万户迎新春。”安神炮响过，人们一般不再上街走动，一家人围坐在一起包饺子，谈天说地。除夕吃饺子，寓意家人团团圆圆、大吉大利。包饺子时，常常要包一些“钱”，寓意吃到包着钱饺子的人在来年会有财运、有福气。如果家里有新娶到的媳妇，还要包莲子、红枣、花生、柿子等等。莲寓意为连生贵子，枣寓意早获麟儿，花生寓意有男有女，柿子寓意“是子”。除夕时，山西民间也讲究吃糕，取意步步高升，也有吃面条的习俗，取意长命百岁。

“一夜连双岁，三更分二年。”除夕之夜，人们很少睡觉，通宵不眠。老年人珍惜时间，不愿意在睡梦中度过一年的最后时刻。青年人情绪激动，思维活跃，更不睡觉了。家庭主妇则要把为每个人准备好的过年新衣服拿出来，进行最后一次检查，然后交给各人保管，第二天换穿。一家人围坐在一起，或玩耍，或闲谈，团团圆圆。如今，每家每户都有了电视机，都要收看一年一度的春节联欢晚会等文娱节目。这种除夕不睡觉的活动，民间习惯称为“熬年”“守岁”。

“遥闻爆竹知更岁，偶见梅花觉已春。”钟声敲响十二点，便迎来了最隆重的新春佳节，春节的一切庆贺活动开始了。

春节

“有钱没钱，回家过年。千好万好，有家最好。”在中华民族的传统文化中，“年”与“家”一直紧密联系在一起。在中国人内心深处，回家过年，与家人团聚，永远是每一家人一年最渴望的事情。

春节，农历一年的第一天，民间俗称“过年”“过大年”。年的本意是说谷物熟了，五谷皆熟为有年，五谷皆大熟为大有年。过年或过大年最初的含义，就是庆祝五谷丰收。春节是民间百姓心目中最为隆重而肃穆的节日，山西普遍流传着“受了一年，就盼过年”的说法，无论身处何方，有钱没钱，总得回家过年。

山西所在的黄河流域，由于谷物是一年一熟，大约在西周时期，年就由谷物成熟之义引申为表示时间的用语了。古代由于历法不健全、不统一和统治者对岁首的改动，年节并没有固定，或十月，或十一月，或十二月。到汉武帝时期，才改定以夏历孟春正月为岁首，一直沿用至今。

正月初一这天，历史上曾有元日、元旦、元辰、元朔、三元、三朝、三正、正旦、正朔等30多种名称，称为“春节”是近代才出现的事情。辛亥革命后，各省代表云集南京开会，议定我国采用公历纪年，把公历1月1日称为元旦，将农历正月初一日改称春节，但是并没有正式命名和执行。1949年9月27日，在中国人民政治协商会议第一次全体会议上，才正式决定我国采用公历纪年，农历正月初一日正式被命名为春节。

春节是一年之中最隆重的节日，有钱没钱，回家过年，一直是山西人的传统心理。从正月初一日零点开始，正式进入春节。而民间的传统过年，时间拉得很长，从头一年的腊八节以后，就算开始了。春节前为准备阶段，春节后为庆贺阶段，要一直延续到正月十五日，甚至二月初二日，民俗有“忙腊月，闹正月，拖拖拉拉到二月”的说法。真是节中套节，节日不断。而喜庆祥和则是过年期间最鲜明的特征。

山西民间庆祝春节活动的第一项为接神。原意是迎接天地诸神下界与民同乐，今天已经成为辞旧迎新的重要节点了，内容首先是点旺火、燃年草和响鞭炮等等。旺火位于庭院当中，年草放于门外，要由家长亲自点燃。起床后不能贸然出门，须先点一个爆竹，从门缝伸出室外爆响，称为开路炮。点旺火要称发旺火，取意发财、旺盛、红火。在家长发旺火时，孩子们穿上新衣服，围着旺火燃放鞭炮。妇女们则收拾家务，整理祭

隆重的正月祭祀

祀天地诸神、列祖列宗的供品。此时此刻，鞭炮齐鸣，万里长空响成一片。硝烟中夹杂着旺火、年草燃烧松枝、柏叶的芬芳气味，天上人间全部沉浸在热烈欢乐的气氛之中。

祭祀天地诸神是接神以后的隆重活动。家长要率领全家，依次给各个神位点灯、敬香、摆供、奠酒，三跪九叩。设在庭院上方的天地神位前的供品最为丰富。晋北地区习惯摆五盘炒菜、五盘凉菜、五盘干鲜水果、五盘油炸小吃和五盘称为“供献”的特制花馍，取意五福来临。盛器都是专用的细磁小盘。晋南地区除一般供品外，特别讲究全猪和全鸡。全猪多由四

蹄、一头、一尾来代表，源于古代的三牲祭神。鸡则是取了谐音吉，意喻大吉大利。另外，家庭主妇特别注重在灶君神位前隆重供上“枣山馍”。“枣山馍”用面粉嵌红枣蒸成三角形状，取意米面如山，上面饰以面塑的龙、凤、如意、福寿、瓜果等等，大者有十几斤重，往往是女主人灵巧手艺的代表佳作，已经演化成了室内灶前陈列的面塑工艺品了。

祭祀列祖列宗，是与祭神同样隆重的大事，祭神的所有仪程都要在祭祖中重演，祖与神已经成了同一概念。不少上年纪的老人，在祭祖时，要面对列祖列宗的牌位，逐项禀报家中一年来发生的喜庆事件，大到起房盖屋、娶媳、聘女、生儿增丁，小到粮收多少、生活怎样。祭祀时，人们神情庄重，态度严肃，充分反映了山西人传统的尊祖孝先风范。

拜年是春节活动的高潮，邻居亲友互相往来拜年，祝贺吉祥。新年的初一，是一年的头一天，不论男女老幼，人们会早早起来，穿上最漂亮的衣服，梳洗打扮得整整齐齐，出门去走亲访友，相互拜年，恭祝来年大吉大利。临出门拜年时，前门两旁要点“旺草”，祝一年兴旺；放鞭炮，供神烧香；有的还在院内烧一大把香，称“烧懒香”，唯恐一年敬神烧香不周，请众神原谅。而拜年的方式是多种多样，有的是同族族长带领若干人挨家挨户地拜年；有的是同事相邀几个人去拜年；也有的是大家聚在一起相互祝贺，称为“团拜”。但从大体上看拜年主要分为家拜、近拜、远拜以及团拜等形式。

家拜是全家晚辈要给长辈磕头，以示祝福。民间有“大年下的头，马虎不得”的说法，小辈磕头时，口中要高呼被拜人的尊称，一人一拜，既不能一次呼两位长者的尊称，给两位长者同时磕头，也不能两人同时给一位长者磕头。对此，民间亦有“大年下的头，一个磕了一个磕”的说法。旧俗特别讲究三跪九叩，如今多数地方是恭恭敬敬地鞠躬行礼，也有的是只磕一个头。小辈给长辈拜年时，长辈面带笑容，欣然受礼。拜完年后，长辈要给小辈“压岁钱”，用意在护持后代，健康多福。如果家中有新娶的媳妇，则长辈须给新媳妇很可观的压岁钱，从几十元到几百元不等，视自家经济情况而定。婆母还要另外赐给新媳妇一块上等布料，希望媳妇继承针黹。

近拜是给本村未出五服的长辈拜年。进院要先拜神祖，然后再给长辈磕头。远拜则是本村亲朋好友之间的互相拜年，只拜人、不拜祖。无论近拜还是远拜，主人家都要盛情接待，招待客人到家里喝茶抽烟，品尝糖果。对于前来拜年的孩童，要赠给礼品，或糖果一类零吃，或鞭炮一类玩物，或零钱作为压岁钱。小孩子拜年，总是高高兴兴、满载而归。

如今，各类单位的职工过年，盛行团拜。大家共聚一堂，互相祝福。拜年时街上碰到人，均要拱手作揖，互相祝贺，要说些“见面发财”“恭喜发财”的吉祥话。拜年时，子孙尊敬

老人，长者慈爱幼小，平辈互相尊重，人与人真诚祝愿。拜年活动不仅和谐了人际关系，而且加深了人与人之间的感情联络。

春节馍在山西许多地方发挥着重要作用，也是独具特色。首先，人们在春节期间既要以馍为主食，又要用馍待客送礼，所以春节是一个食用馍最多的节日。春节馍的花样比较复杂，除盘子、枣花等家常馍外，还有花、登高、兔娃、红石、手爪子、五个芯枣花、葡萄梗枣花。根据山西霍县的习俗，春节吃馍和以馍待客时，让男人们多吃登高馍，希望其步步高升；让男孩子吃兔娃馍，希望孩子像兔子那样欢快；花馍多让女孩子吃，希望孩子能出落得像花那样俊俏可爱；有些女的会让自己的男人多吃手爪子馍，希望男人多挣钱多往家里拿钱。其次，山西许多地方将馍做祭品用，祭品馍都是用高粱秆竖穿三四个登高馍作为底座，上边根据所祀的神分别再穿一个别的馍，一般都是祭祖先时上边再穿一个红石，企盼全家光景都能过得红极一时；祭财神时上边再穿一个手爪子馍，寓意可以招财进宝等。吃馍也好，献馍也好，都反映出人们祈盼生活更美好的心理。春节期间晚辈还要带上馍轮流到亲友家去拜年，近年来送馍的人不多了，但拜年之风却依然盛行不衰。春节馍保存的时间最长，过去曾有二月二吃登高的习俗，现在这种旧俗虽然早已革除，但二三月里还保存有春节馍的，依然大有人在。此外，山西春节供奉用的馍以枣山、高馍、元宝人、元宝篮为主。“枣山”是用枣馍垒成山形，供奉灶君神和财神的祭供品，一般以虎为底，以石榴为顶，中间用蛇、羊、免等动物组成。“高馍”是供奉天地神和祖先用的，一般用较大的枣糕堆叠七级，顶上有一个石桃，或一个大石榴、四个小石榴一组为顶。“元宝人”是馍的四周全堆集着元宝。“元宝篮”是篮内盛满元宝。这些供品馍等待供奉财神之后，就由当家人吃掉，寓意新的一年“发财致富”。此外，还有供奉门神、祖神用的枣糕猪头，正月初七日给出嫁女儿送的雕塑着各种花卉虫鸟的“炸食烙”等。

春节这一天，山西人习惯吃饺子。饺子谐音交子，交子是古代一种钱币。饺子的形制很像元宝，元宝是古代一种较大的金银锭。大年吃饺子，取意一年四季招财进宝。民间煮饺子时忌讳吹冷风，所以不拉风匣，全凭柴烧，民间所言“人家发旺，全凭烧上”的俗语，指的就是这件事。烧柴讲究烧芝麻秸秆，一方面芝麻秆燃烧时悦耳的响声，好像一连串发财的发、发、发声音，另一方面又取芝麻开花节节高的喻义。饺子煮破了要说成是挣了，不能说破了。吃饭前要鸣炮示知，第一碗饭要敬供祖宗神灵。全家人入席要请家长坐首位，第一盅酒要由家长致祝酒辞。盛饭时，不能让锅里空了，要留下看锅的饭菜，意喻取之不尽。吃饺子时，有人吃着包有莲子的饺子，表示连年有余；吃着包有红枣的饺子，表示早交好运；吃着包钱

的饺子，表示钱财两旺。不管谁吃着，大家都要表示祝贺。如果是小孩吃着，全家人格外高兴，祖、父辈还要特别赠送礼物予以祝贺。山西有“荤年素腊八”的说法，春节期间家家主要以肉做席，多为猪、羊肉。如今生活好了，鸡、鸭、鱼已经是常见的春节食品了。

在春节这天，山西民间禁忌非常多。山西农村讲究早上不动风箱，不打扫庭院，不倒垃圾，不洗衣，女子不能用针剪缝衣，男子不干农活，孩子不能哭喊，说话都要说吉利话，做事要小心谨慎，切忌打碎碗碟。如果失手打碎碗碟，要么不说话

吕梁方山拜水神

悄悄将碎片拣起来扔到井里或窖里，意为破财不外流；要么嘴里连念“碎碎平安”，以确保来年平安。正月初五以前不能往院子里泼水，春节鸡、鸭不出窝，要喂给上等饲料。晋北地区春节这一天忌挑水，而在晋南一些地方却讲究春节或初二日要从外面挑一担水回家，象征着招财进宝。吕梁临县、方山这天讲究敬拜水神，大年初一上午，当地的农村人家都要去水井旁拜水神。在有些山村里，水大都是从岩石缝里流出来，为了祈求水源不断，全村人会在水井前献上一份用白面制作的供品。而孩子们则身挂花包，脖子上拴着红枣、蒜头、黄豆相间的“项链”，寓意为吉祥，希望年年丰收大吉。

从春节的下午开始，具有地方特色的传统社火或秧歌便开始正式表演，一直到元宵节，晋南与晋西北不少县要持续到二月初二日。这些表演活动首先在本村进行，挨门挨户拜年贺喜。到了谁家，主人家要用烟糖好好招待。上一年曾发生死伤灾病的人家，要邀请社火队进院表演，称为冲喜。上一年有娶了媳妇或生了小孩的人家，也要邀请社火队进院表演，称为贺喜。尤其是冲喜与贺喜，主人家的招待会特别大方。本村拜年结束后，还要到邻近村庄活动，一直到元宵节掀起高潮。不参加社火活动的人们则开展下棋、打扑克、玩麻将等游艺活动。许多县城要举行春节长跑活动，参加人数众多，有年过花甲的老人，也有青春年少的孩子们，活动现场可谓热闹空前。而富

有地方韵味的宁武马营净身节又名“泼水节”，起源于马营村周边民间传说故事“送瘟神”，其意在消灾难、祈福报、求平安。每年举办两次，第一次为农历初一到初十，第二次为农历五月廿五至廿九。届时全村男女老少身穿盛装，齐聚街头，相互泼水祝福，就连大小牲畜也全部聚在一起。作为山西省非物质文化遗产，这项民俗活动已被当地群众逐渐挖掘出来，并成为一种旅游特色项目。

春节，辞旧迎新，寄托着人们对新一年的企盼：和气生财，人丁兴旺，吉祥如意。因此，山西人还把隽语嘉言、吉事祥物，寓情于自己的剪纸之中，比如“天下太平”四字居中并

宁武马营村庆祝泼水节

与柿（四）子、月季（季）、花瓶（平）、鹌（安）鹑鸟有机地组合成均匀严整、阴剪阳镂、花衬字、字依花等具有韵律之美的团花，张贴于庭院墙上；屋门贴朱色大鸡（大吉）、大梨（大利）；长橱、短柜贴“金鱼”（金余）等。这种寄意美好愿望的嘉语图纹，不但充满了生活情趣，而且具有鲜明的民族艺术特色，达到画、字、意三者皆美，形式、内容、实用和谐统一，技艺、情感、审美熔于一炉的艺术境界。

到了正月初二，山西大多数地方开始走亲戚。晋北和晋中多讲究在初二回娘家，晋南多在初三。民谚有“正月初二路上看，尽是小生和小旦”，意思是这天大街小巷都是携夫带儿女回娘家的人。大同一带则有正月初一接待女婿的习俗。晋南的新绛，初二是娘家人去看望出嫁闺女的日子，去时带着食盒，既带油食又带馍，礼品很重。尤其是新婚第一年的人家，带的礼品花样更齐全，相当排场，就是要让外人羡慕和赞扬。婆家取礼极轻，油饼表示敬老之意，如果有公婆就取油饼，没有公婆则不取。回礼一般也是回馍，故民间有谚语说：“河东人情薄，总是馍换馍。”

但是，晋南万荣农村却把正月初二视为鬼节，民国的《万荣县志》记载：“二日，新丧之家，亲戚咸来烧纸，女家特送锞串悬门首，邻里皆送锞纸，名曰‘首节’。”有的人家因不忍心打扰对新丧亲人的思念之情而停止拜年：“二日午前，新丧家门前插纸幡，曰‘过二节’。乡党俱送纸锞，已制止。是日，不拜节。”今天万荣县人初二依旧不出门拜年，而是在家祭祀。晋中祁县也有初嫁女子初二祭去世父母的习俗，所以不能在这天回娘家拜年。初三是看舅的日子，外甥们或单独去，或和父母一同去舅家看望姥姥姥爷和舅父母。

立春

“一年之计在于春。立春之际重抖擞，万物回春目标有！”

立春，是二十四节气中的第一个节气，明清官方历书中被归入正月节气。立春有时在农历十二月，有时在农历正月。立春是汉族民间重要的传统节日之一。“立”是“开始”的意思，自秦代以来，中国就一直以立春作为春季的开始。立春是从天文上来划分的，春是温暖，鸟语花香；春是生长，耕耘播种。从立春交节当日一直到立夏前这段期间，都被称为春天。《吕氏春秋》曰:“冰冻方固，后稷不种。后稷之种，必待春。”相传后稷教民稼穑，人们才懂得春耕。我国自古为农业国，春种秋收，关键在春，故民谚有“一年之计在于春”的说法。

旧俗立春，既是一个古老的节气，也是一个重大的节日。天子要在立春日，亲率诸侯、大夫迎春于东郊，行布德施惠之令。《事物记原》记载:“周公始制立春土牛，盖出土牛以示农耕早晚。”后世历代封建统治者这一天都要举行鞭春之礼，意在鼓励农耕，发展生产。旧俗讲究在立春的前一日，由两名艺人头戴高冠配以饰带，扮演成春官和春吏，沿街边走边喊“春来了，春来了”，俗称“报春”。这时，无论士、农、工、商，看见春官来了都要作揖礼拜。报春人遇到摊贩商店，可以随便拿取货物、食品，店主还要笑脸相迎。这一天，州、县要举行隆重的“迎春”活动。前面是鼓乐仪仗队担任导引；中间是州、县长官率领的所有僚属，皆穿官衣；后面是农民队伍，都执农具。来到城东郊，迎接提前制作好的芒神与春牛。到芒神前，先行二跪六叩首礼。执事者举壶爵，斟酒授长官，长官接酒酹地后，再行二跪六叩首礼。然后到春牛前，作揖行礼。等待礼毕后，与来时一样热闹，要将芒神、春牛迎回城内。

春意味着风和日暖，鸟语花香；春也意味着万物生长，农家春耕播种开始了。故《立春》诗云：“东风带雨逐西风，大地阳和暖气生。万物苏萌山水醒，农家岁首又谋耕。”山西大多数地方是粗放式耕作，冬季不干农活，等到初春解冻时才进行耕作，春耕大多要用牛。立春是个转折点，一过立春，就意味着冬季结束，进入了春天。作为农历二十四节气之一的立春也叫“打春”，就是源于这一天要鞭打春牛的民俗。牛是中国传统农村进行耕作的主要畜力，特别受农家人的喜爱。山西民间传说，天帝为了整顿人间生活习惯，派牛神下界传旨，规定

一日之内三打扮一吃饭，结果牛神误传为一日之内三吃饭一打扮。天帝大怒，罚牛神下界为人耕作，生产粮食。春耕就要使用牛进行耕作，打春牛又叫“鞭春”。在山西民间流行着一首春字歌：“春日春风动，春江春水流。春人饮春酒，春官鞭春牛。”讲的就是立春打春牛的盛况。今天山西农村在立春日鞭打春牛，就是象征一年之初农业生产的开始。

打春的主角是春牛。春牛一般由泥土制成或彩纸扎制，牛高四尺，象征一年四季；身长八尺，象征春分、夏至、秋分、冬至、立春、立夏、立秋、立冬，农耕的这八个节气；牛尾长一尺二寸，象征一年十二个月；牛的四蹄象征四季。现在，山西晋北有些农村仍然有打春牛的风俗，立春前，村里的年轻人在村中宽敞的地方用泥塑一个春牛，有的画上各种颜色，有的用五色纸裱糊，妇女们大都要抱小孩绕春牛转三圈，据说这样做可以祛邪避疫，不患病痛，今天已经变成一种娱乐形式。立春这天，村里会推选一位德高望重的老者，在春牛面前敬香、敬酒，并用鞭子象征性地打春牛三下，意味着一年的农耕活动开始了，然后村民们再将泥牛打烂，分取些土回家，撒在自己家的农田里，希望来年庄稼能够丰收。另外，晋北还有些村庄用纸牛代替土牛，是用高粱秸秆做架子，五色纸糊牛，牛的肚子里面装上五谷杂粮。村民们轮流鞭打春牛，纸破后五谷四溢，象征着“五谷丰登”的好年景。最后，焚烧纸牛，村民们分五谷回家，象征着红红火火、家家丰收。也有一些村庄在纸牛身体里装着核桃、红枣、柿饼及其他干果食品，春牛打碎后由村民们拾取带走。这些习俗反映了农耕社会村民们重视春耕的传统思想和人们对来年美好生活的祈盼。

山西吕梁地区在立春这天要举行劝耕仪式。劝耕仪式举行时，要在一块宽敞的空地上画个圆圈，农夫将耕牛披红挂绿装饰起来，拉上牛到圆圈中转一转，称为“出牛”。这里的人认为，人和牛闲了一冬，立春就该出来活动活动，出牛的仪式就是为春耕做准备。如今汾阳市城东的望春村，便是当年汾州举行打春仪式的地方。立春这天，汾州府的人们都会集中在此，州官扮作农夫，官员妻子扮作村姑给农夫送饭，各种迎春表演到高潮时，“农夫”用鞭子或棍子将纸扎的或者是泥土制成的“春牛”打碎，围观的农民一齐上去参与鞭打。人们认为打得越热闹，牛打得越碎，来年的收成便会越喜人。山西民间许多农民在立春之日按一定方向祭祀牛马神，并犒饷耕牛，象征性地出犁，称之为“试犁”。之后，家家户户开始清理农具，给农具钉木榫，开始忙碌起来。

此外，山西许多地方的农村讲究在自家院墙上贴一张画有春牛的黄纸，黄纸代表土地，春牛代表农事，俗称“春牛图”。晋东南地区习惯用春牛土涂耕牛角，传说可以避免牛瘟。在晋南地区则讲究用春牛土涂灶，据说可以祛蚍蜉。立春时，民

间艺人经常制作许多小泥牛，称为“春牛”，送往各家，谓之“送春”，主人要给“送春”者以报酬，实质上是一种佳节售货活动，然而却是皆大欢喜。立春时，山西有些地方女孩子戴上金钗，剪彩为燕，称为“春鸡”；贴羽为蝶，称为“春蛾”；缠绒为杖，称为“春杆”。这些饰品戴在身上，争奇斗艳。晋东南地区的女孩子们喜欢交换这些饰物戴，寓意女孩会运势兴旺，心灵手巧。乡宁等地习惯用绢制作布偶娃娃，名为“春娃”，佩戴在孩童身上。晋北地区讲究缝小布袋，内装豆、谷等杂粮，挂在耕牛角上，取意六畜兴旺，五谷丰登，平安吉祥。真是“万众齐把春潮闹，争取又一丰收年”。

初春，天气由寒转暖，各种致病的细菌、病毒随之生长繁殖，温热毒邪开始活动，现代医学所说的流感、流脑、麻疹、猩红热、肺炎也多有发生和流行。因此要特别注意防病保健，尤其是饮食调养方面要考虑春季阳气初生，宜食辛甘发散之品，不宜食酸收之味。立春节，山西民间流传着吃春饼的习俗，各地春饼的用料和形制不同，大多以杂粮米面糊摊成薄饼，卷夹各种小菜，如豆芽、韭菜、香菜等食用，既为防病，又有迎接新春的意味。如临汾地区习惯在立春这天请女婿吃春饼，就是用杂米面糊摊成的薄饼，卷夹各种新鲜蔬菜。立春日，山西广大城乡还有生吃萝卜、梨、姜、葱、面饼的习俗，称为“咬春”。运城地区新嫁女，立春这天娘家要接回，称为

“迎春”。

破五

“初一不出门，破五不回家。”

正月初五日，旧时称“送穷节”，民间俗称“破五”，因中国民俗认为初五以前诸多禁忌过此日皆可破而得名。旧时，初一到初五民间有许多禁忌，如妇女不能动针线活，不能打扫卫生，不能打碎东西，不能倒垃圾，等等。但是，到了初五这天早晨，许多禁忌可以解除了，家家清扫庭院，在倒土的簸箕上，点燃鞭炮送出街门外，称“送穷”，亦称“鞭穷土”。民间讲究破五这天出门在外的人不允许回家，以免把外面的晦气带回家，另外，这天也不允许走亲访友，以免把自己的穷带给亲戚朋友。中国民间广泛流行的送穷习俗，反映了中国人民普遍希望辞旧迎新，送走旧日贫穷困苦，迎接新一年美好生活的传统心理。

关于“送穷”这一说法，还有一个动人的传说故事。传说穷神是上古高阳氏的儿子廋约，他平时爱好穿破旧的衣服，吃糜粥。别人送给他新衣服穿，他就撕破，用火烧成洞，再穿在身上，宫里的人称他为“穷子”。后来，穷子惨死于巷中，所以人们在这天做糜粥、丢破衣，在街巷中祭祀，称为“送穷

鬼”。到了宋朝，送穷风俗依然流行，但送穷的时间定在正月初六日。《岁时杂记》中记载在人日前一日，要将垃圾扫拢，在上面盖上七枚煎饼，在人们还未出门时将它抛弃在来往频繁的道路上，表示已经送走穷鬼了。还有的地方，习惯在初五日早上，取炉灰少许放在筐里，并剪五个纸人，送到门外，焚香、放花炮后归还，称之为“扫五鬼”。

旧时的晋北地区流传着一副送穷时的联语，上联是：“爆竹三声，嘣出一伙穷鬼。呸！贼狗日的，害得老子七死八活”；下联是：“焚香九炷，迎来五路财神。呀！好老人家，保佑小人六合四喜”。这充分刻画出旧时人们“送穷”的心理，反映出对穷困生活的恐惧与憎恶，也表达了人们对美好生活的向往与追求。如今，晋西北地区在破五这天的习俗依然很多。太阳未出山，要掀起炕席，打扫一些炕土，送到野外；鸣炮、烧香、敬纸，称为“送穷”。晋北民间还习惯用彩色纸剪成人的图像，小孩子拿到街头，互相交换。把自己的纸人送给别人，称为“送走穷媳妇”；别人的纸人换回来，称为“得到有福人”。这个习俗反映了旧时对妇女歧视的观念，许多人家把家境好坏归罪于娶进门的媳妇身上。雁北地区民间习惯在定更后，妇女皆出大门外，烧纸祭奠亡灵，放声大哭，俗称“哭节”。保德县在正月初六，习惯炒豆子吃，传说是为了夏天不惹蝇子。

晋东南地区送穷习惯将烂衣服扔到墙外，传说古代颛顼时期，宫中生下一个男孩，穿上新衣服就哭。如果硬将新衣服给他，不是撕烂，就是故意在屎尿堆中打滚，人皆呼为“穷子”。晋南地区翼城等地则有不同的习俗，在正月初五日送祖宗。傍晚，将祖先供桌上陈列的祭品撤掉，放鞭炮，焚香礼拜，移神于原龛内。来年春节，再行供奉。浮山等县的风俗，是在门外焚香、敬纸，意喻将祖宗鬼魂送到宅外。

晋南民间习惯在这天掏自家院里的厕所，将粪送出门外，称为“送穷子”，如今已经演变成鼓励大家抓紧时间、勤劳致富的习俗了。这一天，民间讲究“喜入厌出”，特别忌讳到别人家借东西。

山西各地在破五这天还有许多饮食方面的习俗。这天，山西全省饮食多吃面条。晋北地区流传有民谣“破五吃顿面，一亩打一石”；晋南地区讲究用刀切面，煮而食之，称为“切五鬼”。此外，寿阳等县讲究早晨从外面担水，称为“填穷”。

过了初五，春节期间的各种禁忌开始解除。破五以后，人们开始干活，过年的气氛日渐稀淡，民间所谓“五日年下”即是此意。

人日节

正月初七日，称为“人节”，亦称“人庆节”“人口日”“人

七日”等。传说女娲创造苍生，依次造出了鸡、狗、猪、羊、牛、马等动物，并于第七天造出人来，故而称初七为人的生日。旧俗将六畜、五谷与人从正月初一日开始排位轮值，初一为鸡日，初二为狗日，初三为猪日，初四为羊日，初五为牛日，初六为马日，初七为人日，初八为谷日。

民间旧习从正月初一日开始，用天干、地支来测算吉凶祸福。主要找寻十天干中的“辛”日，十二地支中的“辰”日。哪一天对到辛日，则意味那一天会交好运，辛日越靠近元旦越好，初几是辛日，便称“几日得辛（幸）”。哪一天对到“辰”日，则意味着当年是“几龙治水”。一条龙治水，意味着雨涝；十二龙治水，则意味着干旱。如果初七日逢辰，则雨水均匀，意味着庄稼丰收。如今，测算日子的习惯已经很少，代之而起的是人日这天早上观察天气的阴晴变化，并根据当地历代人们总结出来的经验，来预测本年度的年景好坏。

晋东南等地旧有“此日清和，民无灾害”的俗语，而且要于“人日”之夜，焚香点灯，并用煮熟的稷米祭祖北斗星，进行祈福活动。晋南地区习惯用彩色丝线和绫绸制作首饰，称作“彩胜”，这天男子往往进行游宴。而和顺县等地在这天却讲究上坟拜扫。吕梁等地习惯在门前或地里堆一堆谷糠煨燃，称作“灸地”。吕梁地区还习惯玩“跳麻老姑”游戏，用椿木制作一个女形人物，两人先闭住眼默祷数字，然后升起木人跳跃。当跳到与默祷数字相吻合时，观察麻老姑的向背，面向人则为吉利，背向人则为不吉利。也有的地方习惯在这一天祭拜百神，祈祝人口平安。

人日节这天，民间妇女忌用针、忌纺线、忌吃米饭，传统习惯要吃七样蔬菜做成的饭菜。但在晋西北地区一些县将人日节称为“再过年”，还要鸣炮张灯，做席豪饮，其盛况丝毫不逊色于春节。

谷神节

《谷日题春》曰：“新春逢谷日，喜见艳阳天。积雪融甘水，熏风醒沃田。农夫犁杖抚，童子马缰牵。汗洒粮仓满，敲诗赋盛年。”

农历正月初八，称为“谷神节”或“谷日节”。据说，如果这一天天气晴朗，这一年必是稻谷丰收；而如果这一天是阴雨天，则这一年必是歉收的。“谷神节”实际上是蕴含着古人对农业的重视，对粮食的珍惜。

这天的节日习俗主要是占卜未来一年稻谷收成和制作小灯祭拜星君等。由于在春秋时代曾以“木星”的运行规律纪年，所以把木星称为岁星。我国土生土长的道教受“岁星纪年”的影响，认为每年有一个值岁的神灵，职权很大，称为“太岁”，

庄重的五谷神府

以十二地支为序，每十二年循环一次。扩散到民间，由“太岁头上不能动土”，演变成了土地的主人，当然也就是农业收成好坏的主宰了。所以每逢谷日，民间都要开展祭星活动。

晋北地区的祭星活动，讲究在天地神位前面燃灯七盏，烧香、焚表。晋东南地区的祭星活动，一般是在院内向北设案，上置米面做的饼灯九盏，另置茶水九杯，进行祭奠。也有的地方，习惯全村会祭，会集体筹集祭品、天香、焰纸，在公共场所设灯祭奠，祈求岁星，保护农业丰收。

由于岁星能够护佑农业丰收，并进而引申为能够保护众人安福。因此旧时习俗，和尚、道士在谷神日要为附近居民家赠送寓意吉祥的祝告文，而众多百姓则在初八日到寺观上布施，僧道再回酬以果饼。至今，五台山仍有许多佛教信徒特地在初八日上布施，以祈求佛菩萨保护。

关于谷神节，山西民间有的地方还习惯到五谷神府祭祀五谷神，或是到后土庙祭祖拜神。在这天太阳出山时，取五谷杂粮各一份，在田间地头，迎日扬撒，意喻五谷丰收。后来民间又有取“八”字的读音，将正月初八日演变成了“敬八仙节”。因八仙神通广大，不畏强权，藐视富贵，经常深入民间，解危济困，深受劳动人民喜欢。所以，这一天，民间习惯备佳肴水果以祭祀八仙。

石头节

正月初十日，称为“石头节”，俗称“十指”。正月初十传说是石头的生日，因而被称为“石头节”。石头虽是天然形成的，却在人类生产生活中发挥着重要作用。从远古取石为器，到用石修房盖屋、制碾制磨、装点美化生活，石头给人类的发展繁衍提供了无尽的帮助，人类感念石头的恩德，因而在历史发展中形成了石崇拜、石信仰等多种习俗。这一天要在石磨、石碾、石槽、石臼、槌布石、石码头、石梯坎等石制物品处燃香举供，以示祭拜和感恩。旧俗除夕在家里的石器上贴好春联以后，在正月初十日以前石器是禁止使用的。过了正月初十日，则可以开封使用，无所讲究了。石头节应该与原始人类对大山和石头的崇拜有着源流关系。

石头节定在初十日，应该是从初十的“十”音化来，十与石同音。忻州地区在这一天习惯吃莜面或高粱面鱼鱼。妇女们搓鱼鱼一手五根，两手同时运作，面板上搓动着十根细长的面

鱼，故把这一天称为“十指”。搓面鱼的时候，要捏一些花轿同时蒸熟，放置墙角瓮底等处，以备鼠郎娶亲使用。

石头节也称为“老鼠娶亲日”。这可能是因为早些时候，房子的墙基用石头垒砌，老鼠又大多生活在墙角窟窿里的缘故，所以正月初十日，民间传说是老鼠娶媳妇的日子。小孩子不明事理，往往信以为真，以为老鼠真要娶亲，闹着不睡觉，要看个明白。大人们便接过祖辈的传说，对孩子们说：要嘴里含着驴粪蛋蛋，耳朵里塞上羊粪蛋蛋，眼皮上夹着鸡屎片片，在满天星星出现的时候趴在磨眼里，才能看到老鼠娶亲的热闹场面，听到鼓乐声。这样费劲的准备才会看到老鼠娶亲的场景，孩子们当然不愿意干了，也就只好乖乖地睡觉了。

初十日，许多地方要在屋隅、墙角及水瓮里点灯、焚香、敬纸，对老鼠娶亲致贺。晋东南地区，习惯用谷面做蒸食，称为“十子团”。夜晚时，放置于墙角土穴等处供老鼠吃。晋南地区是在墙根置放面饼，以庆祝老鼠娶媳妇。而在晋北一些地方，晚上忌点灯，忌说话，以免惊扰了娶亲事宜，惹下鼠神，一年为患。这个民俗也反映了历史上民间鼠害严重，人们害怕鼠害的恐惧心理。与老鼠娶媳妇的民俗相仿，晋中地区习惯在正月十三日将米面撒在房屋顶上，供寒鸦啄食，祈祷这些鸟类不要糟蹋田地里的庄稼。

初十日，山西民间还有许多企盼粮食丰收的活动。晋南地区用面食蒸成农作物禾穗形状，象征农业丰收，并把此日称为“实子日”。晋东南地区习惯用谷面捏成十二个灯盏，象征十二个月，闰月年则捏十三盏，按顺序摆在笼里，蒸熟后仔细观察灯盏内是否有水，哪一盏里有水，表明哪一个月有雨水。水多则雨涝，无水则干旱。

元宵节

正月是农历的元月，古人称夜为“宵”，所以称正月十五为“元宵节”。又因为人们在这天庆祝一年中第一次的月圆之夜，又称“上元节”。还因为这天万民张灯，也称为“灯节”。正月十五日是一年中第一个月圆之夜，也是一元复始、大地回春的夜晚，人们以此来庆贺新春的延续。按中国民间的传统，在这皓月高悬的夜晚，人们要点起彩灯万盏、出门赏月、燃灯放焰、喜猜灯谜、共吃元宵，届时合家团聚、同庆佳节、其乐融融。我国道教也称之为“上元节”，说是天官老爷的诞辰，此日庆贺，天官便会赐福于万民。因此，元宵节是由多种文化凝聚而形成的传统节日。

元宵节时，家家户户都要吃元宵，许多地方还要供祭“三官神”。有的求儿子，偷梨儿供祭；有的盼女，偷柿饼供祭；有的得子还愿。人们辛苦劳作一年，家家户户张灯结彩，有的

扮社火，抬铁杠，演戏剧等，举行各种各样的民间文艺活动，非常热闹。山西民间则笼统地总称为“正月十五闹红火”。

元宵节是中国最古老的和夜有关的节日，元宵节的来历据说与汉文帝纪念平定吕氏叛乱有关。相传在吕后死后，吕后一系害怕大权旁落，密谋叛乱。众臣在平定了“诸吕之乱”后，拥立刘邦的第二个儿子刘恒登基，称汉文帝。文帝深感太平盛世来之不易，便把平息“诸吕之乱”的正月十五定为与民同乐日，京城里家家户户张灯结彩，以示庆贺。从此，正月十五便成了一个普天同庆的民间节日。此外，还有人认为正月十五日张灯的风俗可追溯到西汉的汉武帝时期。汉武帝崇信“太一神”，在正月十五日，从黄昏开始，通宵达旦用盛大灯火进行祭祀，进而开启了正月十五张灯的先河。汉明帝时，为了弘扬佛法，又下令正月十五日夜晚，要在宫廷和寺院燃灯敬佛，从此，正月十五又加入了佛教的内容。此后，便进一步演变成民间的盛大灯节。汉代时张灯，仅为一晚。到了唐代，赏灯活动更加兴盛，唐玄宗时把张灯延长为三个晚上。皇宫里、街道上到处挂灯，还要建高大的灯轮、灯楼和灯树。唐朝大诗人卢照邻曾在《十五夜观灯》中这样描述元宵节燃灯的盛况：“接汉疑星落，依楼似月悬。”北宋时又延长到五个晚上。明代朱元璋规定从正月初八日晚上开始张灯，至十七日晚上落灯，长达十个晚上，是灯节最长的时期，且与春节相接，白昼为市，热闹非凡，夜间燃灯，场面极为壮观。清代改回张灯五夜，从十三日晚开始，十七日晚结束，同时增加了舞龙、舞狮、跑旱船、踩高跷、扭秧歌等“百戏”内容，使元宵节的活动更为多姿多彩。民国时期又缩短为三天，十四日为试灯，十五日为正灯，十六日为残灯。今天，山西省灯节，县城多为三夜，农村多为一夜。

元宵节是山西人民最为喜爱的节日，全省各地的节庆活动各有千秋、丰富多彩。元宵节张灯，理所当然地成为元宵节的主打项目，大街小巷处处悬挂着各种各样的灯笼。

山西城市里的灯多彩壮观，形式多样，一般分为传统工艺灯和现代工艺灯两种类型。传统工艺灯，大多是用纸、纱类制作。其中，精致者属走马灯一类，多为八仙过海、唐僧取经、三国演义、水浒英雄等故事，都是取自传统的戏文内容，上年纪的人格外喜爱，往往看得流连忘返。热闹的要数用各种花炮制作的烟火灯，如猪八戒撒尿、老母鸡下蛋、猴子爬杆、天女散花、火烧老营、炮打连城等等。这些花炮灯点着后会连响带炸，五彩缤纷，形态逼真，很受孩子们欢迎。而最常见的灯是五谷、六畜、蔬菜、瓜果、花卉、鸟兽、鱼虫等造型，大多会在上面题写灯谜，供游人猜测。这类灯象征五谷丰登、六畜兴旺、政通人和、国泰民安。现代工艺灯则是利用新型材料，制作各种豪华、气魄的彩灯，具有新颖、科技等时代感，最为青

年男女所钟爱。近年来不少县城也盛行装饰花树，就是将马路边的树木彩扮成丰收季节的梨果树，用各色灯泡做成果实，电一通，绿叶招展，硕果累累，看上去非常逼真。

晋中太谷县的元宵节张灯最具特色。在城内东、南、西三条大街，家家挂灯，成双成对。街心搭有特大彩棚，五颜六色，琳琅满目。彩灯原料有玻璃、纱、绸缎等等，灯架主要由紫檀等硬木做成，因而俗语有“太谷灯，爱煞人！”与太谷等地布灯形式成明显对比的是晋城市的灯棚。选择空阔场地，用高杆彩布搭成大棚，长者可达五里。入口处是一座七彩牌楼，上面布置宫灯，气派大方。各机关、单位、团体、学校制作的彩灯，均在大棚内悬挂。老百姓个人制作的精品，也可以到棚内竞相展示。群众观灯，皆来彩棚，人来人往，热闹非凡。

山西农村过灯节，家家门口都要悬挂灯笼。元宵节时，晋南地区由于气候较暖，河流已开冻，这里习惯放河灯。届时人们将各色彩灯置放河中，顺水漂流，很是壮观。人们手提灯笼走路，碰到行人，讲究抬起灯笼互相照一照，取意吉星高照。正月十五日，妇女们习惯用面粉制成灯盏，蒸熟后加油点燃，置放土地神、门神等处。盼望得子的新媳妇，讲究正月十五偷灯。传说偷回燃着的灯，必定会生孩子。偷灯时，主人明知而不拦，待到偷灯到手，起步返程时，主人却要喊几声“谁偷灯了？”偷灯者则要跑几步，跑动时灯不灭，方为成功。也有的地方讲究小孩偷吃面灯，一年不病，所以各家置灯也要供小孩来偷取。而在山西定襄，各村各巷都要办灯山会，届时街上挂有彩色吊纸，各家门前吊有花灯，灯山前还要垒旺火、点花灯、燃烟火、放花炮，街上挤满了到灯山会看热闹的人，灯山会费用由各户自愿捐付。热闹过后，女人们将馍馍在旺火上烤黄，拿回家里分食，据说吃之有旺气，少生病。还有无子者将灯山最后一盏不灭之灯端回家里，称之“端灯”。以后如生下男孩子，便以为是端灯而得，等儿子长大后要还灯。还灯仪式是在正月十七日晚上，自费置办灯山、旺火、鞭炮，以供街坊邻里热闹，亲朋好友会带供品和花炮前去扶灯。

元宵佳节时，山西到处悬挂彩灯彻夜通明，灯的造型随时而异，年年出新，千姿百态，丰富多彩。尤其值得称赞的是灯的装饰，主要是张贴各色剪纸，既经济又简便，既透光又美观。剪纸的内容大多为：一团和气，和合二仙，岁寒三友（松、竹、梅），四君子（梅、兰、菊、竹），五灵（麒麟、凤鸟、龟、青龙、白虎），六合（鼠与牛、虎与猪、兔与狗、龙与鸡、蛇与猴、马与羊），七佛（毗婆尸佛、尸弃佛、毗舍浮佛、拘留孙佛、拘那含牟尼佛、迦叶佛、释迦牟尼佛），八仙（分暗八仙和明八仙。暗八仙即以八仙手中所持的物件为代表；明八仙即直接剪的八仙人物），九天仙女，十样锦以及石榴开百籽，千岁灵芝，万事如意等，以成套或单幅剪贴。以影型而转动谓

迷宫般的九曲黄河阵

“走马灯”，故而剪的人物形象都是侧面，近似皮影戏。扛搁、抬搁、走兽高跷、穿箱锣鼓等大型社火活动，运用剪纸做装饰的也相当多。

山西人过元宵节，还讲究转“九曲黄河阵”（亦称“九曲黄河灯”）。阵内埋有365根杆子，扎布成九个弯曲的小阵。杆与杆之间用绳子串起，每根杆顶张灯一盏。游阵者进入如走迷宫，入阵后不能走重路，一根杆子也不剩的转完全阵，方显本事。如果误入迷途陷入阵中，则为失败，须从头再游。游阵之人如果能顺利走出阵就会一年顺顺利利、平平安安。九曲黄河阵，数雁北地区的平鲁一带最为宏大。人要虔诚地围绕老杆转一周，再伸手摸一摸老杆，讲究“摸摸老杆，祛病延年”。有些农村限于财力，九曲黄河阵减少为81根杆子，转阵者手提自制小灯笼保证顺利过阵。随着时间的流逝，这项民俗活动被赋予了更多美好的企盼，认为人转完九曲便可以增添智慧、增强体魄、增加豪情、迎来鸿运。

山西盛产煤炭，号称煤乡。元宵节，许多地方都要在门前垒旺火，全省大部分地区旺火呈宝塔形。旺火寓意有三：一为照明，二为取暖，三为兴旺。晋中地区以塔塔火闻名，大致分两种：一种是泥塔火，另一种称绣球塔塔火。塔塔火讲究以塌为好，俗语有“塔塔火，不塌不算火”的说法，塌了才吉祥。在晋东南地区，盛产无烟煤。旺火往往垒砌成老虎、狮子、天龙等兽形，下面留有通风口。兽嘴就是喷火口，点燃后，各种野兽造型口中会喷吐火光，十分壮观。晋北地区特别讲究旺火高大，表现出一种粗犷、豪迈的气势。偏关县的大旺火，高约六七米，全部是精选块炭。制作时，要专门选拔匠人施工，用汽车从煤窑上拉炭。点燃后，既要保证三天三夜旺气冲天，还要保证旺火不塌不倒，堪称一项精湛的特殊传统工艺。

平定县元宵塔火是山西平定县境内特有的习俗，常常吸引着成千上万的人观赏。平定元宵塔火也称“棒槌火”，要燃烧起火焰，而且要垒成塔形，一般要在元宵节的前三天开始准备和进行。每当这个时节，平定县城内城外的街道上、商铺前、

客栈前都要盘起一座塔火，就连街市旁的住户也不例外。在平定县的乡、镇、村庄里，大多数人家也要垒起塔火。这种塔火，用煤炭做燃料，燃烧时间长，烧红的炭火红焰鲜亮，气氛热烈。平定的塔火是用黄土合成的泥以及砖垒砌而成，高约一米五左右，用直径一般为五十厘米的木棒槌贴成圆孔形状，因而称之为“棒槌火”。这种塔火，一炉火要装一百五十到二百斤炭块，而且每天装一次。装好点燃后，燃烧的火苗就从这无数个圆孔里喷出来。塔火的顶部，随着十二生肖的年份推移，用黄泥做成兔、猴、虎、马等生肖的造型。也有的用生铁铸成狮子、老虎、宝塔、元宝等造型。塔火一般在每年春节过后的正月十四、十五、十六这三天随着正月十五闹红火的街头文艺

襄汾县的“天塔狮舞”

活动和灯展活动点燃，互相配合，相映成趣。平定广泛流传着民谚:“耍十七、闹十八、十九起来灰塌塌。”平定的元宵塔火延续多年，至今不衰，这与平定有质量优良的无烟煤供元宵塔火燃烧有关，也与民间正月十五闹红火的习俗紧密联系。然而更让当地百姓奉为神明的是当地流传的“女娲补天”的传说，当地百姓把这种点燃塔火的活动，看成是对于“女娲补天”的一种炼石补天的补充。

正月十五闹红火是山西元宵节最为高潮的活动内容。晋南襄汾县陶寺村的“天塔狮舞”表演具有惊、险、奇、绝、美的艺术特点，始于隋唐时期的狮舞，被誉为“华夏一绝”。这天，许多地方的秧歌、社火队伍还要集中在县城或重要集镇进行会演。临街巷的各家一见秧歌前来，就要大放鞭炮迎接。有时候，两支队伍在一家门前或一座旺火前碰面，俗称“冤家路窄”，要各使绝技展开激烈的对决。鼓乐喧天，围观者喝彩不断。这个时候，乐队往往起着很重要的指挥作用，不断变换鼓点，尽量发挥本队长处。晋南的乐队注重打击乐，晋北的乐队注重吹奏乐。在秧歌队伍沿街表演的同时，工矿单位制作的彩车也要在大街上徐徐游行。秧歌队白天多在广场表演，各队轮流上场，带有竞赛性质。形式多为龙灯、狮子、高跷、抬阁、北阁、旱船、车队、跑驴、大头娃娃。其中，长治的扛装“巾帼英雄”和雁北的高跷抬阁最为典型。晚上则要沿街进行表演，

讲究见旺火就舞。要说社火，则以山西长治武乡境内的“武乡顶灯”最为奇特。随着节奏的变化，顶灯表演队形主要有“大穿堂”“九曲星”“蛇蜕皮”等，如游龙戏珠，似蜿蜒蛇行，令人眼花缭乱，表演步法以传统秧歌舞十字步为主，讲究快跟快上、快进快退，被当地人称为“不拉场”，如今已被列入中国非物质文化遗产的名单中。而吕梁的汾阳地秧歌是流传在汾阳一带的民间艺术，是一种广场性民间歌舞艺术，因相邻的孝义市也有部分地区流传，民间统称为“汾孝地秧歌”或“汾孝秧歌”，是当地社火、集会、迎送、庆祝等活动中不可缺少的表演形式。地秧歌有许多翻身、踢腿、旋子、下叉的武术动作，需要有扎实的功底。如此好的项目当然在热闹红火的元宵节少

长治扛装“巾帼英雄”

雁北高跷抬阁

不了。在元宵节，晋南民间还习惯荡秋千，形式多种多样。俗语有“秋千荡空中，一年不生病”。晋东南地区广大农民在欢度元宵节时，都喜欢叫耍狮子的把狮子卧在自家的炕上，再叫孩子骑一下，寓意吉祥如意，全家安泰。

元宵节，讲究家家吃元宵，取其形圆音圆，意喻团团圆圆。山西多山陵地区，在山区依然盛行吃糕，寓意要步步高升。而晋北人习惯在旺火上烤花馍吃，有“吃了烤馍馍，一年神来帮”的说法。山西汾东一带还有吃用鸡蛋和面油炸制成的

“油炸花”的风俗，炸出来的造型主要是鸡、兔、羊、蝴蝶等动物。

元宵节就要讲究热闹。在以太原为中心的晋中一带，每年都要“闹元宵”，场面壮观、热闹非凡。锣鼓铿锵入耳，焰火璀璨夺目，龙灯旱船蜿蜒而行，高跷竹马姗姗走动，红红火火的热闹场景，真是美不胜收、叹为观止。老百姓亲切地称之为“红火”，并有“城南的狮子城北的龙，城内的高跷技艺精”“南庄的火，太谷的灯，徐沟铁棍爱煞人”等美称。

此外，山西的许多剧团还会在元宵节时，到各地县城去唱戏，散戏后还要点烟火。烟火分礼花与土烟火两种。土烟火形

武乡顶灯

形色色，晋中地区的“架火”很有代表性，用十三张大方桌，一张接缚一张叠垒起来，垒至约四五丈高，用八条大绳斜着牵拴。层层方桌装饰成亭台楼阁，内布各种景观，多为戏文片断，大都采用泥塑和剪纸等形式，造型逼真，颜色鲜艳。每层外悬三十六颗特制的大爆竹，共计四百余颗。八条大绳，全部用花炮装饰。整个造型，犹如一座五彩缤纷的十三级宝塔，称为主火。主火周围，另设许许多多配火，如“孙悟空三打白骨精”“貂蝉拜月”等，与土火用火药捻连通。整个架火点燃后，主火辉煌灿烂，情趣无限，四周配火飞炮轰鸣，流星划空，美不胜收。

爱煞人的徐沟背铁棍

生机勃勃的春季节日民俗

春季是一年中的第一个季节。春代表着温暖和生长，春季里万物萌芽生长，大地生机盎然。在春光明媚、阳光温暖的春天，体现山西地域特色的春季节日主要有：填仓节、龙头节、寒食节、清明节和上巳节等。在这些特定的日子里，山西民间都有特别的节日风俗。

填仓节

“过了年，二十二，填仓米面作灯盏。拿箕帚，扫东墙，拾到昆虫验丰年。”填仓的民俗在山西境内早就有民谣记述。

填仓节，又称“天仓节”“添仓节”。在古代，填仓节是一个非常隆重的节日。填仓节在宋时已有记载，《东京梦华录》载：“正月二十五日，人家市牛、羊、豕肉，恣飨竟日。客至苦留，必尽而去。名曰填仓。”清代潘荣陛《帝京岁时记胜》“填仓”条记载，每年正月二十五日，全家加菜盛餐；有客来，必苦留，使之醉饱而去，俗称“填仓”，取预祝填满谷仓的吉兆。填仓节分为小填仓、大填仓两个节日，小填仓为正月二十日，大填仓为正月二十五日。山西不少地方，如今不分大小，习惯在正月二十三日一起过填仓节。这一天，亲朋都要往来聚餐，有客来必须备上美味佳肴盛宴款待，众人醉饱方归。

关于填仓节的来历，民间还有一个感人肺腑的传说故事：

北方曾连续大旱三年，赤地千里，寸草不收。可是，荒淫的皇帝却不顾百姓的死活，照样横征暴敛，导致饿殍遍野，民不聊生，百姓过年都吃不上一顿像样的饭。管理皇家粮仓的一个善良正直的仓官看不下去了，决定开仓放粮，救济灾民，使当地许多百姓免于饿死。仓官深知自己违抗皇命，罪在不赦，为不连累别人，在正月二十五这天放火烧仓自焚。人们为了纪念这位不愿留名的仓官，每年正月二十五日的早晨，就用烧火余烬的草木灰在院子里撒成圆圆的囤形粮仓，有的还镶上花边、吉庆字样，并在囤中撒以五谷，象征五谷丰登，来表达人们填满谷仓救仓官的深情厚意。

另外，在山西许多地方都流传着天仓爷爷的感人故事。山西民间传说，在远古的时候，谷种都藏在天仓里，人类只能以狩猎为生，有一个小伙子决心冒死盗取谷种造福百姓。在公鸡和黄狗的帮助下，小伙子历尽千辛万苦终于找到了天仓。看守天仓的百谷仙子被小伙子的执着精神所感动，偷偷送了几粒谷种给他。小伙子将谷种带回人间种植，发现只是夏粮品种，于是带着公鸡与黄狗再闯天仓。这次，百谷仙子动了凡心，喜欢上了这个善良勤劳的小伙子，她决定冒着被天帝惩罚的危险，带着所有的谷种和小伙子一同来到人间，结为夫妻，老百姓将他们夫妻尊为百谷爷爷与百谷娘娘。随着时间的流逝，百谷爷爷就演变为仓官爷爷，成为仓神而受到民间百姓的长期祭祀。

如今，每到正月二十五夜晚，吕梁地区的人会对着星光闪闪的夜空高喊：“天仓爷爷添仓米，五谷杂粮拉到俺家里，瓮瓮里，囤囤里，到处添得满满的。”柳林人会唱道：“仓官爷，添仓来，引回个肚肚壮小子来，有吃有穿发大财。”

传说终归是传说，填仓节的真正意蕴其实是在提醒人们：“一年之计在于春”，“年”过完了，一年的生计要开始了，赶快行动起来，清扫粮仓，晾晒种子，收拾农具，准备开始春耕。

山西各地的填仓节风俗千姿百态。这天，人们要把水缸盛满，粮囤添满，煤池加满，称之“添仓”，取五谷满仓的吉兆，以求得一年顺当富足。太原郊区有“天仓馍馍十指糕”的说法，是说在物质贫乏的年代，填仓节这天如果能美美地吃上一顿白面馍头，预示一年都有白面吃，并祈求一年之中天天都能填饱肚子。因为肚子对人来说，也是“仓”啊。农民忌在此日卖粮食，但是粮店却喜欢在这一天收购粮食。过去的粮商为了在这一天吸引卖粮的主顾，特意摆酒设宴，对前来卖粮者热情款待。一些穷困的农民被生活所迫，会选择在此日卖粮，这些人不管吉利不吉利，只顾能赚顿好饭吃。如今，太原一些上年纪的人，仍习惯在填仓日购米买面。文水县将粮仓内灯熏的墙土取一些谓之填仓。晋南地区一些乡村，剪彩色纸片，贴于门上，剪彩色纸葫芦，贴于帽上，称此日为太上老君炼丹日，可以除百病，四季平安。

山西各地的填仓节活动也与饮食习俗紧密相关。晋东南地区用黍米面作团，置于粮仓。晋中地区是用谷面作团填仓。吕梁地区喜吃糕。晋南地区习惯用稀面摊成极薄的饼，中间裹上菜肴，卷而食之。如果谁家娶了新媳妇，新媳妇要亲手将煎饼放置到粮仓。临县等地在门首燔柴，表示对先亡之人的哀思。陵川等地要用各种饭菜在门外祭奠，俗名送祖先。洪洞县等地习惯请女婿吃煎饼。晋北地区习惯蒸莜面窝窝，取其形如粮囤，并用荞面作丸，放在莜面窝中间的空处，称之填仓。而在今天忻州境内的偏关、河曲、保德、五寨和静乐等地填仓节有捏油灯的习俗。民间习惯用荞面捏一个骑马的人，名叫“仓姑父”，还有十二个用棱角记月份的灯盏，以及比自己家人多一些的小面人坐于圆面盆中，叫“满炕炕”，表示全家人坐在一起欢庆丰收。所捏之物上笼蒸熟，揭锅时检查用棱角记月份的灯盏里哪个有水，即哪个月会有雨，农村以此方法预测一年的收成。晚上把骑马的“仓姑父”放入圆面盆中，灯盏里倒上胡油，放上棉花灯捻点燃，再放入“满炕炕”，最后将圆面盆放入水中，全家人看着水上的灯光欢笑声不断，并念道：“仓姑父，饮马来，糜糜谷谷驮将来。”虽为迷信行为，但也有乐趣，反映了农民祈盼丰收的习俗。静乐、五寨、保德等县大都用糕面捏“灯盏盏”，家家灯光普照，反映了忻州农民盼望年年能

够获得丰收，把自己家粮仓填得满满的愿望。

山西民间广泛认为，填仓节是仓官爷爷视察民间的日子，在这天晚上要点灯祭祀仓神，感化仓神，仓神就会保佑自家五谷丰登、家丁兴旺。凡是与饮食有关的地方均要置灯，俗称“点遍灯、烧遍香，家家粮食填满仓”。这一习俗在吕梁地区最为浓厚。当地民众会按照家庭人口数、各人属相，用面捏成相应的本命灯。然后再捏上两条狗、一只鸡、一条鱼，以及人口盘子、仓官老爷、酒盅、酒壶、银钱、元宝、驮炭毛驴等等。夜晚，再将这些面灯注油点燃，本命灯置家中炕上，狗置大门口，鸡放院中，鱼浮水缸，驴站畜圈，仓官老爷挂在天窗，其余均放在家中。置放面灯时，口中还要高呼相应的吉利发财语言，如“仓官老爷送粮来”“鸡娃鸡娃多下蛋”等等。在填仓节这天，山西有些地方的农民要用白面蒸成大供，祭“老天爷”，祈求今年五谷丰收。晚上，孩子们手握蒸供，插上香，在街上边走边说：“天仓爷爷添仓来，麦子、绿豆添到我家来，黄豆榨了油，黑豆喂了牛，茭子谷儿满川流（川是木制的放粮的大容器）。”

填仓节这天，山西还有打灰窑的习俗。这天要用簸箕盛草木灰或炭灰，在院内或场院上撒出三环或五环圆圈，称作“灰窑”，象征粮仓或粮囤，用棍棒均匀敲打。有些人家还会在灰窑旁边用灰画出耙子、扫帚、扇车等收获打场的农具图案，有些人家还要写上“粮满仓”“米满仓”等字。有些地方甚至要过两次填仓节，分别是在正月二十日和二十五日。二十日小填仓节打的灰窑，象征夏粮丰收，要在灰窑中盛放小麦、大麦等夏粮。二十五日大填仓节（也叫老填仓）打的灰窑象征秋粮丰收，圈内则放置玉米、高粱、谷子、豆类等秋粮。然后用砖石盖住，称为“压仓”。接着燃放鞭炮，意思是粮食爆满粮仓。这天，一些地方还特意用粮食喂鸡狗，以感谢传说中的公鸡和黄狗的功劳。而晋北地区在填仓节晚上，民间习惯打着灯笼，在院内各处找“填仓虫”（即各种复苏的小虫蚁），发现得越多，兆头越好。临汾地区的一些地方，又传说天仓节是老鼠娶亲日，这天夜晚不能点灯，称为“鼠忌”。

龙头节

“二月二，龙抬头。”农历二月初二日，俗称“龙抬头”，也称“中和节”“青龙节”。清代《燕京岁时记》记载：“二月二日，古之中和节也，今人呼为龙头节。”龙头节的来源与二十四节气中的“惊蛰”有关，惊蛰过后，阳气上升，万物复苏，百虫出动，人们祈望龙抬头出来镇住毒虫。因此，龙头节便有了引龙、灭虫、理发、忌针等习俗内容。

俗话讲：“惊蛰过，百虫苏。”龙头节里，山西民间流行着

龙抬头

许多驱毒的习俗。《阳城县志》记载:“百蛰初惊,悬天师符以辟虫毒。”早上,人们起床时,忌说“起”字,担心一切毒虫也应声而起。晋南地区流行煮蔓菁汤,遍洒屋内墙缝、墙角、炕席底、床下,谓之“禁百虫”。有的地区集合村民,抬着神像,挨家挨户向院内洒米汤,意喻将瘟疫禳而散之。家家门前则围撒石灰,以禳瘟祛病。晋东南地区习惯画一个药葫芦,里面装上蛇、蝎、蜈蚣、蚰蜒、蜘蛛等五毒虫害,贴于墙壁,谓之“辟百虫”。也有的用豆、麦面搓成灯捻形式,埋在土中,称之为“薰蚰蜒”。晋中地区家家拍簸箕,童谣有“二月二,拍簸箕,跳蚤、壁虱不敢上炕哩”,还用石灰在厕所及门前围成一条线,称作“除瘟”。吕梁地区习惯家家扫除房屋。

龙头节的文化习俗与山西民间的龙神信仰和祈雨习俗密切相关。民间广泛认为,龙司雨,二月二晚上龙出来活动,在空中行云布雨。因此,在这天人们要早早地去汲水回家,而且不能惊动雨龙。龙抬头这天，在山西各地都有不同的民俗活动。晋南地区认为这一天是青龙活动的日子，忌去河边、井上担水，以免带回龙卵。如果在河边、井旁走动与劳作，要特别注意安静，尽可能不要弄出声响，以免惊动了青龙，把风调雨顺的好年景破坏了。而晋北地区在这一天盛行“司钱龙”。早上太阳未出山，家家户户提一把茶壶，到河边或井上去汲水。按照这一年几龙治水的推算，在茶壶内放几枚铜钱或硬币。汲水以后，随走随倾地洒一条水迹回到家中，将余下的水与钱全部倒入水缸，钱龙就引回家来了，意喻一年发财。引钱龙时特别忌说话，以免惊跑了钱龙。晋西北一些地方的引钱龙，选择一棵大树或一块大石头，用灰线围撒一圈，再用红线拴一枚铜钱，先将铜钱置放在灰线圈内，再手拉线牵回家中，用容器盖住即成。晋东南地区的引钱龙，是用灶灰在门外撒一条弯弯曲曲的灰线，一直要连通到厨房，围绕水缸撒一圈就完成“撒灰引龙”了。

龙头节这天，山西还有许多祭祀和饮食文化活动也与“龙”有关，称为“龙头节里吃龙食”。晋南在这天则一定要吃麻花、馓子，称为“啃龙骨”，麻花、馓子原为纪念介子推之寒食节的“寒具”，油香酥脆，适宜冷食，唐代以后成为历代宫廷美食，更成为晋南民间春节的待客佳品，走亲访友相互馈赠，还要留一些等到龙头节这天吃。在晋南一些地方，龙头

节这天人们要携带酒肴来到郊外，选地围坐载歌载舞，畅怀尽饮，称作“游春”“踏青”，古时又称“花朝节”。稷山马村有创建于唐代的青龙寺，过去十里八乡的人们在此日要来青龙寺烧香许愿，有的则祭龙祈雨。晋东南地区习惯在这天用秫粉制作煎饼，慰问妇女。晋北地区喜食面条、粉条，名为“吃龙须”和“挑龙尾”。制作龙须面是山西一绝，由山西全晋会馆传承的龙须拉面已被列为国家级非物质文化遗产名录。除龙须面外，晋北地区民间还讲究吃枣山馍。枣山馍是用面条盘曲成圆形，每个圆形中间嵌上红枣，摞起来呈“品”字形，除夕夜供奉于灶王爷前，俗称“枣山”，寓意米面如山。枣山一直要供到二月二青龙抬头这天，一家有几口人，就将枣山切成几块，人均一份，最上面的山尖部分归家长享用。也有的切成棋子块，放在锅里干炒，称“炒干锅”。晋北地区在这天讲究“糊狼嘴”，用麻糖或黍米面团粘贴在二郎神的吠天犬嘴边，怕它惊动青龙抬头。

二月初二这天，山西许多地方要“啃蛇头”“揭龙皮”，也称“龙抬头”。忻州河曲有二月二“啃蛇头”的习俗，这天清早，人们一起床就要“啃蛇头”，即吃用面做的盘成圆形的“面蛇”的蛇头。这是当地人用白面做的一种花馍，因其形似盘曲而卧的蛇，就称为“蛇蛇”。家里有几口人，家庭主妇就提前准备几个花馍“蛇蛇”，据说吃了它就可以避邪和免灾。

当地人认为每年二月二龙抬头之后，龙就开始苏醒活动，天地万象更新，而此时一些灾病等不好的东西也就开始蔓延。为了消灾减难，便靠龙的力量来驱除灾难。而蛇历来被认为是龙在地上的化身，所以河曲人就在这天以“啃蛇头”的方式来祈祷一年的平安幸福。吕梁地区在这天喜食煎饼或葱油烙饼，称为“揭龙皮”，以示给龙剥皮，祈求今年风调雨顺，农作物丰收；也有人用白面蒸成狼狐形状，早晨，让孩子们在街上点燃柴火，将面狼狐烧焦，希望在野兽伤人的社会里，孩子们一年平安无事，俗称“驱狼狐”。有的地方还要吃糕，称为“太阳糕”。《明宫史》载：“初二日，各家用黏面枣糕，以油煎之；或以面和稀，摊为煎饼，名曰熏虫。”同时还要用糕来糊狼嘴，并吃梨败火、打脏气。太原晋中一带也吃葱油烙饼，过去太原名店桃园春的葱油烙饼闻名遐迩，人们多在此日争相购买品尝，还被评为太原市十大名吃。太原地区在这天除吃烙饼外，还有食水饺者，谓之“吃龙耳”，也有以饼卷上合菜吃的，叫“春饼”，意谓“合龙头”。二月二，是土地爷生日，汾东一带多蒸炸“柏枝馍”，其主要制作过程是把面擀薄，切成宽面条形，然后纵横重叠为柏枝形，用油炸即成。

晋南芮城匼河的青龙节是一种坚持千余年的古会，可以称为中华一绝。匼河青龙节最令人瞩目的是“三社典”古会。相传，此会始于汉光武年间，为纪念东岳大帝黄飞虎治水有功而

当地三社联合庆贺，故曰“三社典”。这天，村民们把自己家中的珍宝都展示出来，因此又称“亮宝会”。民间认为珍宝能辟邪消灾，使人间风调雨顺、五谷丰登。到时，妇女们会身着彩装，演唱传统的民歌小戏，男子们则扮演粗犷强悍的天神、地祇武将及文臣、八仙、俗神等，或骑马、坐轿、乘牛、抬杆；或赤身裸体，腰系野布；或土布裤衩，身背铡刀、冰凌、粗檩、石磨，大展阳刚之气。古会中最令人振奋的是号称“匼河二杆子”的“背冰亮膘”壮举，一队赤身裸体的男子，腰系野藤或土布裤衩，身背铡刀、石磨和一大块冰凌，冒着严寒赤足列队缓慢前进，大展阳刚之气，“匼河二杆子”威名震撼四方。整个表演会伴有古朴的锣鼓，俗称“撤锣鼓”。队伍从村外出发，一直行进表演到泰山庙或龙王庙才会结束，队伍浩浩荡荡，特别有气势。这一方面表现了人们对神祇的敬畏，另一方面又显示了人的自身力量和对命运的抗争。如今，每年乍暖还寒时，匼河人还会背冰亮膘，以此来显示自己血脉中那强悍不屈的精神，匼河古会也依然是山西民俗文化中一颗耀眼的明珠，格外引人注目。

其实“匼河二杆子”和“背冰亮膘”的行为与古代人们祈雨的活动有紧密联系。水是农业的命脉，山西千百年来都是“靠天吃饭”，若遇到干旱天气，农民的生计会没有着落。所以人们普遍对龙王、河神极为崇敬。逢旱灾之年，人们为了感动

芮城“匼河二杆子”

上苍神灵，不惜以自虐的行为呼唤天帝，以期待天降甘霖。距离匼河不远的稷山县，历史上遇到旱年向稷王求雨时，祈雨队伍中就会有一名称“下嚼子”的重要角色，此人赤着上身，用铁铡刀的铁钉从嘴左边刺穿到右边，好像牲口的嚼子。一手端碗凉水不停地喝，以止疼痛，一手挥动长鞭甩打开路。匼河的“背冰亮膘”比起“下嚼子”要文明多了，匼河二杆子的壮举场面也要雄浑壮观得多。如今，随着社会经济和科学技术的发展，人们祈雨的目的和自虐心理已经完全淡化了，反而是节庆娱乐和追求健壮身体的文化内涵增加了，背冰活动逐渐演变为一种体育活动。在每年正月、二月零度以下气温时举行竞走活动，背冰者身负四十多斤的冰块、铡刀、石磨等绕村一周，约

三四里路，以快者为胜。背冰活动反映了中华民族的原生态文化，其特有的审美观念是黄河文化，尤其是中原农耕文化的思想意识和风俗习惯的反映。

“节应中和天地晴，繁弦叠鼓动高城。汉家分刺诸侯贵，一曲阳春江水清。”唐代陈羽的一首《和王中丞中和日》展示了唐代过中和节的景象。中和节事实上是一个围绕春季特性，来表达中和理想与重农倾向的节日。唐德宗有诗:“肇兹中和节，式庆天地春。欢酣朝野同，生德区宇均。”充分概括出了中和节的文化内涵。而晋南永济人过的龙头节也很是独特，永济人把二月二的“龙头节”称为“中和节”。这天，在山西永济仍有中和节“背冰”习俗。永济中和节的背冰习俗流传于山西永济市长旺村，是一种仪仗队列式的民俗活动，其表演形式独特，深受当地人民喜爱。相传清朝咸丰年间，洪秀全领导的农民起义军北征攻打蒲津渡时，清军将领夏新强拆民房，准备太平军攻城时点燃木料以作防御。起义军部将相福录是长旺村人，他献计下黄河凿冰，背冰块来灭火破城，果然成功。他解甲归田后，在本村组织民众破冰、背冰，来反映当时的场景，这种活动自咸丰年间流传至今。“背冰”是永济民间社火的一种，主要表现“天不怕地不怕”的勇武精神，表演便于百姓参与，长旺村的祖祖辈辈、大小男人都能参与其中。“背冰”的主要表演动作有下河、破冰、匍匐前进、刀枪不入等，充分表

中和节的永济背冰

现和弘扬大无畏的勇敢精神。中和节的永济背冰在2011年被列入国家级非物质文化遗产名录。

二月称为早春。俗话说“二月二龙抬头，家家户户贴甘露”“仲春杏花开，龙王送雨来”。山西属黄土高原，气候干燥，雨水较少，“春雨贵如油”。为此，家家户户剪“龙”、贴“龙”，寄希望于“龙”呼风唤雨。然而，在遇到田里不需要雨水，却又连阴雨数日不晴时，人们会剪个手持扫帚的“扫晴娘”，悬挂在屋檐下，孩子们一同唱道：“晴娘扫云云往东，晴天无云日当空。”又寄希望于“扫晴娘”，祈求风调雨顺。

龙永远是中华民族的祥瑞之物，人们祈盼龙抬头，和风化雨，滋润万物。尽管随着历史发展和社会进步，在龙头节这天各地的风俗不同、民情各异，但祭“龙”、避虫害的主旨却没有变；青龙节里吃龙食，期盼“龙抬头，镇毒虫，降喜雨，好收成”的愿望永远不会改变。

寒食节

寒食节的具体日期历来说法不一。隋唐时期多在清明节前第二天，宋代则在清明前第三天。一般的旧俗讲究在冬至后第105天过寒食节，所以也称“百五节”。寒食节，是山西民间一个重要的春季节日。流传至今，山西各地也有清明节前一、

介子推墓

二、三天过寒食节的不同说法。但无论是哪天过、过几天，寒食节最大的特点就是禁火寒食。

禁火寒食这个习俗最早可以追溯到周代。从先秦的文献记载可知，当时已有比较严格的禁火制度，从官方到民间都有禁火的习俗。《周礼》中明确记载当时有“司烜”的专职官员，每当仲春季节，气候干燥，不仅人类保存的火种容易引起火灾，而且春雷也易引发山火。古人在这个季节往往要进行隆重的祭祀活动，要把一年传下来的火种全部熄灭，也就是“禁火”。然后重新钻燧取出新火，作为新一年生产与生活的开始，称之为“改火”。在禁火与改火期间，人们必须准备足够的熟食来冷食度日。

还有说法认为，寒食节是春秋时期晋文公为纪念介子推专门设立的。传说晋文公流亡期间，饥饿难忍，介子推便割下自己腿上的肉为他充饥。晋文公归国为君后，分封群臣时却忘记了介子推。介子推不愿夸功争宠，便带着老母隐居在绵山。后来晋文公亲自到绵山请介子推出山，介子推不愿为官，躲藏山里。文公手下为逼介子推露面，便放火焚山，结果介子推抱着母亲被烧死在一棵大树下。为了纪念这位忠臣义士，晋文公命令把介子推死难之日称为“寒食节”，这天禁忌烟火，不许生火做饭，只吃冷食。

寒食节是汉族传统节日中唯一以饮食习俗来命名的节日，寒食节也叫“禁烟节”“冷节”。寒食清明的习俗活动丰富多彩，主要包括禁烟、吃冷食、祭祀、扫墓、插柳、踏春、踢蹴鞠、荡秋千、放风筝、斗鸡、赏花、咏诗等一系列传统活动，以及发黑豆芽、采柳芽、蒸面塑、戴柳圈、扫房顶、唱大戏等具有浓郁地方特色的活动。寒食清明的特色食品多达上百种，品种繁多，风味独特，大多数美食都与介子推有关。

“蛇盘兔”是人们为了纪念忠诚孝义的介子推，就用面粉捏成“蛇”和“兔子”的形状，“蛇”代表介子推的母亲，“兔子”代表介子推，“蛇”和“兔”缠绕在一起，用来表达孝道之心。而且，在介休当地方言中“蛇盘兔”与“必定富”谐音，寄托着人们对富裕、美好生活的向往，这就是现在介休流传下来的老话：“蛇盘兔，一定富。”

现在山西大部分地区是在清明节前一天过寒食节，榆社县等少数地方是在清明节前两天过寒食节，垣曲县还讲究清明节前一天为寒食节，前两天为小寒食。今天，山西民间禁火寒食的习俗多为一天，只有少数地方仍然习惯禁火三天。在晋中（介休）一带，受介子推传说的影响，寒食节风俗传承特别稳固，民间百姓根据当地的生活条件和寒食的特点，制造出许多特殊的寒食节食品，凉菜冷食花样繁多，形成了与岁时节日紧密联系的特色小吃，丰富了中华民族的饮食习俗。晋南地区民

介休面食“蛇盘兔”

山西面食寒燕

间习惯吃凉粉、凉面、凉糕等等。晋北地区习惯以“炒奇”(即将糕面或白面蒸熟后切成骰子般大小的方块，晒干后用土炒黄)作为寒食日的食品。一些山区在这一天全家吃炒面(即将五谷杂粮炒熟，拌以各类干果脯，磨成面)。

寒食节这天，山西民间大部分地区还有蒸百样“寒燕”面食之俗，尤以晋北为盛。寒燕，亦称“子推燕”，相传介子推抱柳而焚，虫鸟争往相救，民间遂用面粉捏成大拇指一般大的飞燕、鸣禽及走兽、瓜果、花卉等等，蒸熟后着色，栩栩如生。有的人家用酸枣刺条将“寒燕”串起来，挂在墙上，装点室内，也作为礼品送人。小孩吃时，不准用手去摘，须用木棍打下，俗称“打燕”。如今，这种面塑艺术已经成为民间农妇们展示才艺的空间。

清明节

清明节，又叫“踏青节”，在仲春与暮春之交，也就是冬至后的第 104 天，是春季祭祖最隆重的节日，习惯称为“鬼节”。清明最早只是一种节气的名称，《岁时百问》说：“万物生长此时，皆清洁而明净，故谓之清明。”清明节，是后辈儿女缅怀祖先，扫墓祭祖之日，家家户户都要上坟添土，表示气候渐暖，给祖先送“小布衫”、换单衣。

中国古人对祭祀祖先十分重视。上古时候，家中有人去世时，只挖墓坑安葬，不筑坟丘标志，祭祀主要在宗庙进行。后

 清明上坟

来在挖墓坑时还筑起坟丘，将祭祖安排在墓地，便有了物质上的依托。战国时期，墓祭之风逐渐浓厚起来。秦汉时期，祭扫坟墓的风气更盛。据《汉书》记载，大臣严延年即使离京千里，也要定期还乡祭扫墓地。在唐代，不论士人还是平民，都将寒食节扫墓视为返本追宗的时节，由于清明距寒食节很近，人们还常常将扫墓延至清明。诗人们的作品，也往往是将寒食与清明并提，如韦应物有诗句："清明寒食好，春园百卉开。"白居易也有诗句："乌啼鹊噪昏乔木，清明寒食谁家哭。"唐代鉴于民间寒食、清明并举已相沿成习，朝廷就以官方文书的形式正式规定，清明到来时，可以与寒食节一起放假。这项规定距今已经 1200 多年，说明从那时起清明开始具有某种国家法定节

工艺繁多的闻喜花馍

日的色彩。柳宗元在其《寄许京兆孟容书》中写道:“田野道路，士女遍满，皂隶佣丐，皆得父母后墓。”形象地描述了每逢清明节，人们上坟祭祖的场景。宋元时期，清明节逐渐由附属于寒食节的地位，上升到取代寒食节的地位。这反映了上坟扫墓等仪式多在清明举行，就连寒食节原有的风俗活动，如冷食、蹴鞠、荡秋千等，也都被清明节收归所有了。

山西旧有“清明细雨催人哀，漠漠墦头野花开，手端祭品肩扛锹，都为先坟上土来”的民谣，生动地概括了清明时节人们的沉痛心情与扫墓的情形。山西南部地区，每家不论贫富贵贱，上坟时男女都到，表示所有后代都在怀念祖先。晋南的闻喜等地，上坟时要用嵌枣糕在坟堆上滚来滚去，传说是为死去的老人抓痒痒。晋南大多数地方不燃香、不化纸，而是将冥钱等物悬挂坟头，有“清明坟头一片白”的说法，原因是清明节在寒食节期间，寒食节习惯禁火。晋南地区上坟后，回家时要拔些麦苗，并在门上插松枝柏叶或柳条以辟邪。山西北部多数地方上坟时要将冥钱等物全部烧尽，理由是不烧尽就转不到先人手里。在北部地区上坟多是男子的事情，妇女一般不到坟茔。大同等地习惯白日上坟，晚上在家中焚烧冥钱冥帛，旧俗还讲究在这天傍晚，妇女们要在大门外放声大哭，“阖村哀声连一片，传入耳中都是悲”。晋西北的河曲等地，旧俗上坟要带酒肴，祭毕祖先，便在坟地里饮食，意寓与先人共饮共食。

晋中的介休等地，上坟时供品为面饼，形如盘蛇。回家后将面饼放在院里，吹晒干以后再吃。

在饮食习俗方面，清明节一般要蒸“旋风馍”“汽馏疙瘩馍”，作为祭祖供品。汾西一带流传着让小孩太阳不出山时在碌碡上吃掉“汽馏疙瘩馍”的习俗，表示吉利。各家走亲访友要送“鱼形角子馍”；为新出嫁的女儿蒸“刺牛”；给小男孩送“虎头”，女孩子送“盘馍”“刺馍头”等。晋南地区流行蒸大馍，中间夹上核桃、红枣、豆子之类，称为“子福”，取意子孙多福，全凭祖宗保佑。其中闻喜花馍盛名远扬，具有独特的制作工艺，包含搓、团、捻、擀、剪、切、扎、按、捏、卷等十几道工序。除了做花馍以外，还讲究做黑豆凉粉，切薄块灌汤而食。吕梁地区在清明后一天，要接女邀婿，俗称“清新火”。晋北地区习惯在清明节生黑豆芽，并用玉米面包黑豆芽馅食用。晋西北地区讲究用黍米磨面做饼，俗称“摊黄儿”。静乐县在清明节大人小孩儿都要佩戴用蒜、花布制作的“花拍拍”或者叫“寒串串”，传说为防疫病流行。偏关、五寨等地则叫“五谷搐搐”（香药囊），要用花布、绸子缝制而成，其形状像公鸡，里面还装有蒜瓣，戴在身上用来避恶除邪去污。

清明节，山西盛行“打秋千”和放风筝，时间上讲究前三天和后四天。从太阳出山后开始，姑娘、媳妇都要一展风姿。在太阳落山后，必须停止活动。传说清明前后，所有鬼魂都要

清明节放风筝

在夜间出来玩秋千，人是不敢与鬼争抢东西的，虽然荒唐，却也反映了对亡者的尊重，希望已故亲人能够与生者同乐的传统心理。这天，民间忌使针，忌洗衣，大部分地区妇女忌行路。傍晚以前，要在大门前撒一条灰线，据说可以阻止鬼魂进宅。

清明时节虽然各地习俗不尽相同，但扫墓祭祖、踏青郊游永远是基本主题。哀与乐并存、敬与畏同在，是清明节民俗活动的最大特点。正可谓有“南北山头多墓田，清明祭扫各纷然”的悲泣场景，更有“梨花风起正清明，游子寻春半出城”那寄情于美景的舒畅。

上巳节

上巳节是中国汉族一个古老的传统节日，俗称“三月三”。该节日在汉代以前定为三月上旬的巳日，三国魏以后，把节日固定在夏历三月初三,一直沿袭至今。

《后汉书·礼仪志上》记载:“是月上巳，官民皆洁于东流水上，曰洗濯祓除，去宿垢痰，为大洁。”后来则演变成了每到三月初三，人们都到水边游玩饮宴。上巳节的“巳”字，意为阳气盛极，大概是取借阳气正盛，到水边洗除旧污的意思，因此上巳节的最大特点是离不开水。据史书记载，大约在周朝，三月上巳日时就曾有一种叫“祓禊”的宗教活动。祓禊就是在水边举行祭礼，通过洗濯身体，达到除去灾祸、祈求致福

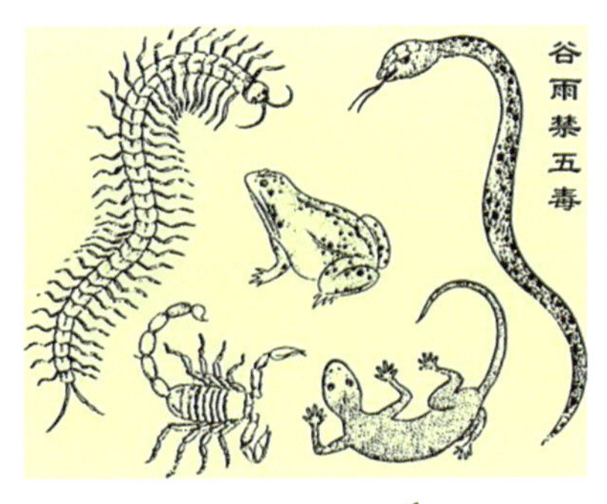

禁五毒贴

吉祥的一种祭祀活动。唐代王维有《三月三日曲江侍宴应制》："万乘亲斋祭，千官喜豫游。奉迎从上苑，祓禊向中流。"而王羲之著名的《兰亭集序》写的就是一次文人雅士在上巳节从事禊的活动，即"暮春之初，会于会稽山阴之兰亭，修禊事也"。看来三月三日不仅是官民游乐的好日子，更成了文人墨客赋诗的好机会。

三月三日，山西民间多进行踏青活动，山西旧有"三月三日天气新，汾河两岸皆丽人"的说法。也有很多地方已演变成祀神活动，山西北部地区有祀"真武神"与"西王母"两种，祀王母称作"蟠桃会"。南部地区大多为祭祀"华佗"，襄汾习俗是到华佗庙焚香，每人要敬献一只雄鸡，并用针刺鸡冠淌血以祭祀，俗称"千鸡会"。

山西讲究"三月谷雨节，先把蝎子灭"，指的是这类毒虫在生活中极易碰见，于是人们剪"鸡啄蝎子""七星剑斩蝎子""剪刀、锥子截蝎子"等图案，贴在门上、墙上，借此表达灭毒虫、祛灾的愿望。这一天晋南地区妇女要用柳条鞭打卧室墙壁，称为"摔蝎子"。打完后，再贴一张"观音杨柳符"，用以禁蝎。晋北地区在谷雨节，家家墙上都要贴"谷雨禁蝎贴"，灶神位贴公鸡吃蝎子的画，名为"谷雨鸡"，画上还配以禁蝎、禁五毒的咒语，如"我是天上神，下界保万民，每逢谷雨日，定拿蝎子精。南斗六郎，北斗七星，太上老君急急律令”等。除此之外，山西有的地方还剪“神牛图”，有民谣说：“我是上方一头牛，差我下凡遍地游，不食人间草和料，单吃散灾小鬼头。”而生活在乡村的妇女们常常为自己的孩子精心制作一个风筝，上边要剪蝴蝶纷飞、孔雀开屏、春燕展翅、白鸽、老鹰等予以装饰，用风筝随风扶摇，寄托母爱之情。

三月三日，晋东南地区妇女习惯到野外挖取野菜，加工而食，称为“斩百病”。晋西北地区则在谷雨节前后挑野菜吃，也用榆菜和米粉作饵，蒸面成块，称为“榆钱傀儡”，吃起来香软可口。晋北地区民间习惯做醋，据说这天做出的醋入口绵香。

禳灾祈福的夏季节日民俗

夏季是万物蓬勃繁茂的季节，与夏季特有的炎热气候特征相协调，山西夏季节日民俗独具内涵。在树木茂盛的夏天，山西人的佛诞节、端午节、天贶节也都适应农时和季节环境的变化，体现出了鲜明的地方特色。

佛诞节

四月初八日，本为佛诞节，又称“佛诞日”“浴佛节”，是佛祖释迦牟尼的诞辰。史书记载释迦牟尼佛生于公元前565年，他是古印度迦毗罗卫国（今尼泊尔境内）的王子。传说降生时一手指天、一手指地，大地为之震动，九龙吐水为之沐浴。每逢四月初八，世界各国各民族的佛教徒常以浴佛等方式

浴佛节

香味扑鼻的乡宁油糕

纪念佛祖诞辰。

正统的佛诞节庆祝活动，至今保留在山西省佛教界，其中尤以五台山最为隆重。届时，各寺庙要在大雄宝殿供奉释迦牟尼诞生像。佛诞节庆贺仪式开始时，太子像前面要放一盆用旱地莲花、台参等药材特制的香汤。住持僧人点灯、上香、摆供、三跪九拜、五体投地。全体僧众念经，鼓乐齐鸣，诵谒成章，赞誉释迦牟尼对人类世界的伟大贡献。念完经，则用香汤沐浴太子像。浴完，再诵经，亦舞亦唱，反复多次，称为“治佛法会”。法会结束，僧众聚餐。然后分领浴佛香汤，回僧房兑开水沐浴自身，以求尽快获得正果。

佛诞节流传到民间，又形成了庙会。例如晋中寿阳县每年四月初八日要举办天佛庙会，祭祀佛祖。届时人山人海，热闹非凡。在灵石县四月八日庙会时，介庙后宫院里，牡丹花盛开，艳丽多彩，雍容华贵，人多前往观赏，取意富贵，俗称

威风凛凛的关帝

关帝庙

“看神花会”。晋北的大同阳高及晋西北一些县，佛诞节演变成了奶奶庙会、娘娘庙会。祭祀的对象由男性变成了女性，外来神变成了本地神。奶奶神又称“送子奶奶”“送子娘娘”，她有一种神奇的本领，就是给盼望子孙的人家赠送孩童。求拜者只要心诚，便可得子。今天看来当然是迷信，但在历史上却影响颇大，反映了中华民族“不孝有三，无后为大”的传统心理。临汾地区乡宁县的四月初八日庙会，民间称为“油糕会”。逢会期间，不足一平方公里的山城，油糕摊多达四五十家。乡宁油糕色如铜，香味扑鼻，赶会者皆以吃饱油糕为荣。那些因为年纪大或者患病等原因，不能亲到县城赶会的人，也要托人买回几包油糕，在家分享其乐。而吕梁地区的临县在四月初八日，妇女要到长寿山即真武山敬香祈福。当地流传着一首古诗：“汗湿轻罗雾绕环，彩裙华映单斑斑。何侬不为还香愿，肯上崎岖长寿山。”生动地描述了人们虔诚敬香还愿的情景和心态。

另外，四月初八日还演变成了纪念关圣帝君的节日。明版《大同府志》记载：“四月八日，铺行各行于关圣庙献品数日，供设花盘纸工，极其精洁。”关圣帝君，指三国时蜀汉名将关羽，字云长，本是山西人。历史上传说他大忠大义大智大仁大勇，深为后人赞誉崇拜。儒、释、道三教共敬，进而被封建统治者册封为神。旧日关帝庙内有一联语，上联为“汉封侯，宋封王，明封伏魔大帝”，下联为“儒称帝，释称佛，道称源直

解州关帝庙庙会：关公巡城

天尊”，是对关羽形象最典型的概括。运城解州是关羽的故乡，解州关帝庙是全国最大的同类型庙宇。庙会期间，以“关帝巡城”为主要内容的民间特色传统庙会，吸引附近的群众都要前来赶会。

运城地区多盐池，民间传说是四月初八日黄帝大战蚩尤时所遗。传说大战时为了区分敌我，黄帝的将士头上插着皂角叶，蚩尤的将士头上插着槐树叶，最后黄帝战胜了蚩尤。今人都是黄帝的后代，为了纪念老祖宗的胜利，四月初八这天，运城有男女老少头上都要戴皂角叶的说法，后来相沿成俗。

在饮食方面，晋南地区习惯在四月初八用苜蓿花拌面做成“鼓蕾”尝鲜，孩子们要摘杏子吃，俗语有“四月八，苜蓿花，吃稚杏”。

端午节

五月初五日为端午节，也称“端阳节”“夏节”“重午节”等。端午节源于古人的驱邪避瘟活动。五月初五日这天，家家户户门上要插艾叶，以示避邪；饮酒时，酒内要放雄黄，相传是法海和尚让许仙为避妖邪而流传；妇女要给孩子们绣各种各样的荷包，荷包内装草香药物等，以避瘟疫。而把端午确定为节日，应该与农历二十四节气中的夏至有关。夏至是我国历史上最早确定的夏季节气，早在商末周初就已经有了，称为“仲夏”。夏至的确定为古人夏季民俗活动提供了前提条件。《后汉书·礼仪志》就记载，汉代五月五日的风俗来源于夏、商、周时的夏至节。唐人韩鄂在《岁华纪丽》中也将端午节解释为“日吐正阳时当中夏”。

在古代，端午节是被看成“恶月恶日”来对待的。随着社会的发展，山西人民将五月五日定为春秋时晋国名臣介子推的纪念日，《邺中记》《琴操》中都有这方面的记载。南北朝以后，由于民族迁移和风俗的变化，介子推的纪念日期固定在寒食

清凉香甜的粽子

节，并被全国人民所认同。而荆楚地区五月五日纪念屈原的说法在全国范围内占据了正统地位。但在明、清以后，晋北地区又创立了端午节是纪念明初大将军常遇春之母的说法。传说常遇春父亲为进京赶考举子，母亲是雌性白色人熊。其父被其母掳到山洞，成婚生子。后来其父携幼年的常遇春逃离山洞，母亲悲痛投江而死。常遇春成人后，于五月端午节投粽子于江以祭母。此说显然脱胎于纪念屈原之说，却输入了儿不嫌母丑，后辈儿女对先人不忘尽孝之礼的传统思想。

端午节正值盛夏，是各种疾病滋生、蔓延最活跃的季节，古人便认为是邪祟作怪，并因此创造了一些避邪手段进行对抗。此后相沿成俗，形成了今天的端午民俗活动。端午节避邪表现在家人安全方面，小孩子一直是重点保护对象，民间传有

“端午到，戴香包”的说法。当母亲的要在节前用碎布做成禽兽、花卉等各种形状的小包，内装雄黄、苍术、香薷等中药材及香料，称为“香包”，佩戴在孩子身上，男孩多为老虎、狮子之类，女孩多为花卉鸟类，传说香包可以防止病毒入身。晋北一些地方还盛行用碎布、细茭杆做成符节，缝在孩子背上，俗称“讨吃子”，取意人穷命大，希望孩子消灾免难，健康成长。除香包外，还要用五色花线搓成索，在神灵前摆供祈祷后，拴在孩子们的手腕、脚腕、脖子上，称为“百索”，要戴够一百天方才解除。也有的地方是五月初一拴上，到端午节的早晨太阳出山前解下，埋在车辙下，意思是让铁车轮砸烂五毒虫。对于不会走路的小娃娃，做母亲的要抱到老年人的家里睡上一会儿，称作“躲午”。家庭其他成员，则是人人耳朵上戴一小枝艾蒿。妇女是将艾枝插在头上或绾在辫梢上，还要用凤仙花染红指甲。

端午节吃粽子是一种重要的传统习俗。为何这天要吃粽子呢？有纪念屈原、介子推及常遇春之母等各种说法。其实主要是因为粽子是夏季防暑祛病的一种时令食品。据《风俗通》记载，早期的粽子是用菰芦叶裹黍米，以淳浓灰汁煮熟，于端午节食用。黍米煮熟置凉水中浸泡，炎热天吃后具有止渴、祛热功效。而菰芦叶、灰汁同样有清凉、败火的药用。民间有“食过五月粽，寒衣收入柜”“未食五月粽，寒衣不敢送”的谚语，

端午节插艾蒿

意思是粽子的出现标志着夏季到来，是一年里生活出现转折点的信号。在五月仲夏来临之际，吃这种米制作的凉食，其色、香、味都别具特色，用草木灰浓汁煮熟或浸泡过的粽子，吃后能清热降火，使人身体舒适，是夏季食用的好食品。

山西民间用清凉的井水浸泡粽子，既能长时间保存，又能增加其色、香、味。山西晋中还创制了类似于粽子的凉糕，在笼屉上先铺垫一层芦叶，上面铺一层黍米，再铺一层红枣、豇豆泥和玫瑰丝，然后再铺一层黍米，蒸熟后待放凉了切成菱形块状食用，吃起来像粽子一样的可口。直至今日，端午节吃粽子和凉糕的习俗仍然在山西大地盛行。

山西人的粽子大多以黍米（糯黄米）为馅，加上红枣，外面包裹上芦叶，吃时拌上糖或蜂蜜，绵香可口。山西各地流行的粽子略有不同，有的以麦类为馅，有的以江米、黍米为馅，有的还以豆类为馅。佐料有红枣、栗子、柿子、果脯、肉类等等。粽子的外形有三角形、锥形、圆筒形等。

五月端午节前后，晋南地区处于收打小麦阶段，晋北则是夏锄大忙时期。劳动归来，浑身燥热，从凉水中捞一个清凉香甜的粽子吃，能解渴、充饥、清凉下火，使人舒爽至极。因此，粽子一直在民间长盛不衰，深受大家喜爱。人们习惯在端午节的前一天包粽子。晋北地区包粽子泡米时水里要放些艾叶，晋南地区则要将一些粽子用五色线捆绕，其用意都在避邪。

山西一些地方有“喝了雄黄酒，百病远远丢”的谚语。节日期间，成年人除饮雄黄酒外，还要在七窍之处涂抹一点。小孩子不饮酒，做母亲的则要用筷子蘸酒，点在孩子的耳、鼻及肚脐等处以祛病避邪。对此，《河曲县志》有相关记载：“端午，饮雄黄酒，用涂小儿额及两手足心。”民间解释是能五福护体，长命百岁。另外，在宅院中还有“端午到，插艾蒿”的习俗。晋北习惯将艾蒿编成人形，悬于门楣，称为“艾人”。晋南习惯将艾蒿编成虎形，悬于门首，称为“艾虎”。曲沃等地是用

纸剪成老虎，粘艾叶，贴在门上，称为“贴门虎”。万荣等地是采制茶叶悬挂门楣。一些靠河水草盛的地方，习惯在门上插菖蒲。还有的地方是在门上贴钟馗像驱邪。晋南一些地方，端午节还要用五色线将家具、门环等物缠绕。

位于山西西南的乡宁等地在端午节特别讲究在太阳出山以前，从河里提回一桶洁净的水，浸以艾叶，以供全家人洗手洗脸，据说可以避邪驱毒。万荣等地在日出之前，上山或到田间采集枸杞、果木、车前子、茶叶等，经七蒸七晒后阴干，称为“百叶茶”。晋北一些地方，习惯在端午节前置买一面新镜子，节日试新，全家人都照一照。

端午节前，晋南地区有逮回一只蛤蟆保存的旧俗。在端

沁县龙舟竞渡迎端午

午节当日把墨锭塞进蛤蟆腹内，阴干，称为“蛤蟆墨锭”。传说可以涂抹肿毒，有清热解毒之功效，故民间有“挤蛤蟆躲端午”的说法。晋北地区在端午节，讲究寻觅“金鸡头”。就是在端午节日出之前，蛇吃蛤蟆刚吞进时，将蛇头剁下，让蛇头蛤蟆在一起阴干。据说是一种贵重药材，可消无名肿毒。但只是传言，实际很难找到。

山西的端午节除了一些独具特色的习俗和讲究外，还是山西人休息和娱乐的节日。历史上，店铺作坊各行各业在端午节照例放假半天，学堂师生全部休息。就连在封建礼教束缚下，平时大门不出、二门不迈的大姑娘、小媳妇，在端阳节也要浓艳地打扮一番，自由自在地到街上逛上半天，或者到附近寺庙祈祷一番。今天的端午节则更多地转化为人们休息娱乐和观赏风景名胜的时节了。在山西许多地方形成了各类独特的娱乐活动。如有“北方水城”之称的山西省沁县盛行一年一度的龙舟邀请赛，届时各支代表队会在县西湖水面上展开角逐，以欢度端午节。寿阳县则是举办阳坡庙会，讲究颇多，规模盛大。繁峙县五月初五日的传统是要在玄帝庙上唱戏。雁北地区的阳高县，在端午节有逛城墙的风俗习惯，当地称为“窜城墙”。这天，周长九里的城墙上人来人往，熙熙攘攘，格外热闹。真可谓“男女老少齐登高，佳节观景乐陶陶”。

天贶节

农历六月初六，在民间被称为“天贶节”“翻经节”“姑姑节”，是一个充满生活气息的民间传统节日，人们在这天晒衣物、驱蠹虫、避暑热、回娘家、逛庙会，非常热闹。

佛教与道教界把六月初六日称为“天贶节”。传说有一年的六月初六日，宋真宗赵恒声称上天赐给了他天书，遂定这天为“天贶节”，以纪念天书的降临，并在泰山脚下的岱庙修建了一座宏大的天贶殿用以纪念。佛教也把“六月六”称为“翻经节”。传说唐僧到西天取经回来，不慎将所有经书掉落到海中，捞起来晒干后方才保存下来，因此寺院藏经也在这一天翻检曝晒。后来演化成寺观里的僧道每年要在这一天翻晒经卷，据说可得灵气，读起来悟解要深。

关于“六月六”还有很多的传说，而“六月六，请姑姑”是山西流传很广的一个习俗。每逢农历六月初六，山西农村各家各户都要请回出嫁的老少姑娘，好好招待一番再送回去，这个习俗是从春秋战国时候就兴起的。相传春秋战国时期，晋文公手下有两个名臣，一个叫狐偃，官任上军佐，相当于内阁副相，在京城执政。另一个叫赵衰，封原邑大夫，相当于原邑市长，治理地方。狐偃的女儿嫁给赵衰的儿子为妻。晋国宰相狐偃理政治军确有才干，但功高倨傲，他的儿女亲家赵衰对他很反感，直言数落了他，狐偃不听，当众把亲家责怪一番，赵衰年老体衰，不久因气而死，其子恨岳父不讲仁义，决心为父报仇。有一年晋国遭灾，狐偃外出放粮，说好六月初六日回家过寿。女婿决定乘祝寿之机，刺杀丈人，以报父仇。女儿探知此事，赶回娘家报了信。狐偃放粮归来，看到了民间疾苦，后悔未听亲家忠告，痛恨自己做错事情。不但不怪罪女婿，还当众承认了自己以前的错误。以后每到六月初六日，狐偃必将女儿、女婿接回家中团聚，翁婿比以前更加亲近。此事传到民间，百姓纷纷效仿，也都在六月六日接回闺女，希望能图个增进感情、消灾解怨、免灾去难、和气生财的吉利。这个习俗年长日久，相沿成习，一直流传至今。

虽然有关“六月六”天贶节的起源、传说和习俗不同，但大都意在祛灾祈福。据清乾隆年间李节昌纂的《南龙志·地理志》记载：“六月六栽秧已毕，其宰分食如三月然，呼为六月六。汉语曰过六月六也。其用意无非禳灾祈祷，预祝五谷丰盈。”

六月初六日，山西民间亦称“晒衣节”或“晒书节”，流传着“六月六，家家晒红绿”的俗谚。旧时传说六月六日为龙王晒鳞的时候，所以还有谚曰：“六月六，晒龙衣，龙衣晒不干，连阴带晴四十五天。”其实是因为此时天气已经非常闷热，

回娘家布贴画

再加上正值雨季，气候潮湿，万物极易霉腐损坏。这天，民间要将自家保存的书和皮大衣、皮套子、毛衣之类统统拿到太阳底下曝晒，据说这样可以一年之内不生蛆，不返潮。农家主妇在这一天还盛行做曲，认为用这一天做的曲拌醋，酿出来的醋特别酸，味道尤其醇美。读书人在这一天除晒书外，还讲究给先生送礼，或是烙饼馍、做菜盒请先生吃饭。而做先生的讲究给学生回赠一枚桃，或面桃，或鲜桃，含桃李满天下之意。

晋南地区称六月六为“回娘家节”，也称作“走麦罢”，麦罢就是说麦子收割结束。溯其原因，晋南盛产小麦，六月六日前后，小麦已经收打完毕，正处在一个农闲阶段，是探亲的绝佳时期。女婿要陪媳妇回娘家团聚，看望父母，报告丰收喜讯。民间就有“六月六，走麦罢”的俗语。六月六姑娘回娘家时，要用自己新产的小麦面粉，蒸一个大月形的角子馍，意喻自家又获得了丰收。丈母娘招待姑爷，要做七八样饭菜，主食有凉粉、凉面、蒸馍、烙饼等等。在运城一带，招待姑爷要吃“胡饼”，这种饼是用南瓜丝和精面粉做成，松软可口，非常好吃。万荣一带则要给女婿吃煎饼，配以椒叶，呈五色，取意女娲炼五色石补天，暗喻女儿有女娲之才，特别的精明能干。如果是新出嫁的姑娘，这一天，娘家还要给亲家送馍，馍内夹以碎肉，蒸熟后必须呈开口形状，称为“张口馒头”，象征着出嫁女要早为婆家生儿育女。

六月初六日，晋北地区习惯称为“虫王节”。这时正是农作物害虫繁衍的时期，晋北地域此时雨水大多欠缺，因而是农家祈盼雨水的季节，俗语有“有钱难买五月旱，六月连阴吃饱饭”的说法。六月六日如果下雨，就可以有效抑制害虫滋生泛滥。这天，民间要进行集会，宰牲、设供、焚香、敬纸，到虫王庙里祭虫王，龙王庙里祭雹神，祈求保佑庄稼丰收。正如一副联语所言：“生蝗灭迹三农泰，旱魃无闻四野安。”如今，宰杀牲畜设供祭祀的习俗已经不盛行，但有些地方还是习惯在这天举办“开园”活动，有菜园的农家要邀请亲朋好友在自家园中饮酒吃饭。

此外，吕梁离石、柳林等地称六月六日为“天贶节”，民

间要用新麦子磨制的面粉蒸馍，用猪肉烩菜来庆祝夏季丰收；汾阳人则习惯用白面菜饼祭祀醋王。襄垣县民间称六月六日为“牛羊节”，凡是饲养牛羊的人家，要用美食犒赏放牧的人。

每逢六月初六日，山西许多地方都要举行庙会。大同人六月里赶庙会，踩青逛唱是不可缺少的内容，一定要在这天尽兴痛快方才罢休。赶会时或骑马或乘车，要携带酒饭、水果、糕点、餐具，男女老少，合家出动。到达目的地后，利用树林、空地，支起帐篷，打起地摊，撑开旱伞。因条件而异，各据地盘。然后轮流到庙会上烧香敬佛，买小吃、看杂耍、听大戏。孩子们则互相结伴嬉戏，扑蝴蝶、捉蚂蚱。姑娘们习惯采集野花，摘取地椒，填充香囊。到了中午时分，便各自生着火锅，进行野餐。饭后，爱唱者尽情地唱，喜画者随便地画，人人根据自己爱好纵情欢乐，玩个痛快。除一些戏迷要留下看夜戏，在庙会留宿外，多数人家当日赶回。乡宁县在六月六日，要祭祀河神，抬“城隍出巡”。灵丘县在六月六日要为南岳府君庆贺圣诞。据《县志》载：“士民祭祀唯谨，四方商贾毕至，邑之人终岁口用所需，以及男婚女嫁钗裙衣帕之锦，皆于此日置买。市易三日毕，居民各归农业。商贾亦行，岁以为常。”有记载说，1984 年灵丘庙会期间，赶会者达六十六万人次之多。但六月里的庙会，从时间、规模上讲，五台山最负盛名，从六月初一到月底举办一个月，是融合宗教、文化、旅游、物资交流、科学考察为一体的综合盛会，赶会者有汉、蒙、藏各族人民及国际友人，来逛庙会的人每天不下万人。山内村民在一个月内，投入全部精力为盛会服务，其收入往往占到全年总收入的一半以上。

浓墨重彩的秋季节日民俗

在硕果累累、多姿多彩的秋天，山西的秋季节日民俗也是形式多样、内容丰富多彩。七夕节、中元节、中秋节、重阳节都被赋予了独特的山西地域文化内容。

七夕节

七月初七日为“七夕节”，亦称“乞巧节”“少女节”“情人节”。恰如秦观在《鹊桥仙》中描绘道：“纤云弄巧，飞星传恨，银河迢迢暗渡。金风玉露一相逢，便胜却人间无数。柔情似水，佳期如梦，忍顾鹊桥归路。两情若是久长时，又岂在朝

和顺县牛郎沟

朝暮暮！”七夕节是我国传统节日中最具浪漫色彩的一个节日，也是姑娘们最为重视的日子。

七夕节的来历和民间流传的牛郎与织女的神话故事有关，中国古代典型的男耕女织的生活方式孕育了牛郎织女的传说，并使之成为中国最著名的四大传说之一。七夕最早的渊源可能在春秋战国时期，如《诗经·大东》:“跂彼织女，终日七襄。虽则七襄，不成服章；睆彼牵牛，不认服箱。”还有明代《物源》曰:“楚怀王初置七夕。”又如《西京杂记》载:“汉彩女常以七月七日穿七孔针于开襟楼，俱以习之。”

“七夕”来源于牛郎织女的神话故事，而这故事的起源地

和顺县天河池

和顺县驴打滚

却是山西省晋中地区的和顺县，这里是牛郎织女浪漫爱情故事发生、发展的重要地域，也是七夕风俗传承与发展的重要地域。和顺县的南天池与牛郎峪不到10平方公里的境域中至今保留着与牛郎织女故事相关的自然和人文景观、景物20处之多，从地名来看，天河梁、牛郎峪、南天池与磨子峪（簪峪）是地方志中早有记载的地名或村名，其余地名及相关景物名称均长期流行于民间，如今能见到的有牛郎沟、牛郎洞、天河池、牛郎庙、织女庙、南天门、金牛洞、老牛口、牛头山、相思背、喜鹊山、八仙洞、哪吒塔、驴打滚等等，还有现在已毁圮无踪的王母娘娘庙、李天王塔、磨簪石等。村民世代传承着生动鲜活的牛郎织女故事和七夕风俗活动，其整体环境与牛郎织女故事的情节十分融洽和谐。经有关专家多次实地考察，2006年12月13日，中国民间文艺协会正式命名和顺为“中国牛郎织女文化之乡”，2008年6月7日，国务院将和顺县“牛郎织女爱情传说”列为第二批国家级非物质文化遗产名录。

源于这样美丽的传说故事，山西民间习惯称七夕节为“天河配”。依照七夕节天上牛郎和织女相会的情节，山西民间有扎像庆贺的风俗，就是在街头巷口用树枝等物扎成一对青年男女像，表示牛郎和织女相会，在像前敬献瓜果桃李以示祝贺。星汉灿烂之际，如果看到天河中有闪耀着五色的光芒，就被认为是牛郎织女相见的征兆。旧时此刻要下拜，乞求牛郎、织女

恩赐。据说牛郎织女是勤劳的化身，所以跪拜者求农求织求婚均可，但求金求银求暴利则要适得其反。一人只能乞求一事，求多则不灵。在吉祥征兆面前，连续三年诚心诚意乞求一事，则必然应验。山西气候，七夕前后多降雨，民间传说，七夕节如果天上降雨，就是牛郎织女哭诉衷肠，预示着夫妻和睦，家庭兴旺。

七夕节里，姑娘媳妇有许多向织女讨教手艺的活动，称为“乞巧”。晋南地区习惯用当年产的新麦秸编成一座桥，配以牛郎、织女、男孩、女孩、老牛、喜鹊等编织物，摆放案头。或是用彩色纸，剪成上述景物，贴在墙上。祈祷后，拿七根绣花针，用彩色线来穿针孔，能够一次顺利穿过七个针孔者就被认为乞得了巧。曲沃县盛行孩童以星星草、香节投水乞巧。晋北地区习惯白天在院里晒一盆水，让微尘随意飘落，水的表面会形成一层薄薄的膜。将绣花针涂油以后，轻轻放置水面，能够飘浮者则被认为是乞得了巧。晋西北地区是在水盆中放置豆芽，将节前生好的豆芽，放置水面。在阳光照耀下，经过水的折射，水底倒影会显示出各种动态，有的像蜈蚣，有的像水蛇、水狗或小鸡。倒影显得越复杂越逼真，意喻乞巧越多。晋东南地区的女孩子在七夕节要逮一只吐丝的蜘蛛，圈在匣子里。第二天观察蜘蛛的结网疏密状况，越密乞巧越多。

少女要在七夕节乞巧，少男也不例外。少男在七夕节要向牛郎讨教耕耘本领。晋南地区，习惯在木板或石板上覆土，土上制作茅屋小景，屋旁做成田园。田地中种粟生苗，称之为“谷板”。晋北地区习惯将小麦及各种豆类用水浸泡，促其生芽。七夕节，用彩线缠芽，称之为“种生”。晋西北牧童要为耕牛编戴花环，称为“老牛过生日”。晋东南流传有夜深人静，躺在葡萄架下偷听牛郎、织女说悄悄话的说法。

山西境内在七夕节前后大都会降雨，民间把七夕节看成是“下雨天”，认为是织女渡河会牛郎，悲喜交加，忍不住泪如雨下，泪花洒落人间，便降为雨水，因此有“七七不出门，出门被雨淋”的谚语。这天，女子有捣凤仙花染红指甲的习俗，据说老年人见了便会双目明亮、头脑清醒。山西旧时讲究七夕看天河预测米价，七夕天河昏暗无光则米价会涨，天河明亮清晰米价则会下降，民间有“天河目米价，太乙照时康”之说。

每逢节期必定会有特别的美食。七夕节饮食，两汉以前多为尝黍，魏晋南北朝时流行吃汤饼（《太平御览》），唐朝流行吃斫饼（《唐六典》），到宋朝时已有巧果面点出现，称为“笑厌儿”“果食花样”等，街市有售（《东京梦华录》）。巧果是七夕节民间巧食中最有名者，民间至今仍有制作。过去巧果的做法是将白糖入锅化为浆，和入面粉、芝麻，拌匀后摊于案上

擀薄，凉凉绾作结，如梭形，入油锅炸至金黄即可。除了巧果，巧食中还有巧花，是面里包了馅心，置于刻成花鸟鱼虫的模子里，像手工制作月饼一样扣出面花，再蒸（或烤）成熟。手巧的女子，还会捏塑出各种与七夕传说有关的花样面人。而花瓜，是将瓜果雕成奇花异鸟，或在瓜皮表面浮雕图案。在七夕节这天经常会看到这样的场面，巧果、巧花、面人、花瓜等许多巧食，要分别装碟后盛于木盘之中，邀些亲朋好友，设香案，祭双星。女孩乞巧织，男孩乞巧耕，学生乞巧读，然后分食于庭前月下，望着遥远的夜空，一边听大人讲着美丽的神话，一边着急地等待着去葡萄园听鹊桥相会的牛郎织女说悄悄话。这种巧食乞巧的场景，清代的蔡云就曾写诗云："几多女伴拜前庭，艳说银河驾鹊翎。巧果堆盘卿负腹，年年乞巧靳双星。"

"巧食"作为节日美食，不仅有口福之美，还有寓意之美，可谓形神兼备，一定会闻名于时代美食之林。当然真正的巧是乞不来的，这一民俗文化的本质是激发出人们心底对美好的渴盼、进取的意愿，是一次生动的精神洗礼与文化塑造。传承文化，从创新传承载体开始。如今，传承山西美食的全晋会馆在继承民间巧果制法基础上创新的一道巧食"织女梭子酥"，形如梭子，色如霞锦，皮儿酥脆，馅心甜美，受到了许多美食家的称赞，时常会在七夕节向顾客售卖，很是受欢迎。时代在进步，文化在发展，巧食随七夕节的复苏将不断传承进步，成为山西人美食林中的一道亮丽风景。

今天的七夕节，山西民间已经没有太多的讲究了，只是在姑娘媳妇中间还流传着一些乞巧活动，她们喜欢用白面或糕面加油、糖、蜜做成各种糖果式样的食品，称为“巧食”。山西还有一些地方在七夕节这天，讲究家家要吃西瓜，喜欢在西瓜上刻画花纹图案，称为“花瓜”。

七夕节虽是以牛郎织女的民间传说为载体，主要是庆贺天上牛郎与织女的一年一相会，但它表达的却是已婚男女之间不离不弃、白头偕老的真挚情感，恪守的是双方对爱的承诺。随着时间的推移，“七夕”今天已经演变成为中国的情人节，很受青年男女的重视。

中元节

农历七月十五日是中国传统节日中的重要节日，道教称为“中元节”，佛教称为“盂兰节”，民间俗称“鬼节”。中元节的源头，应与我国古代流行的土地祭祖有关。道教盛行后，附会传统，创立了天、地、水三官神祇。据说天官生日在正月十五日，称“上元节”，其主要职责是为人间赐福。地官生日在七月十五日，称“中元节”，其主要职责是为人间赦罪。水官生

五台山普寿寺盂兰盆会

日在十月十五日，称为“万元节”，其主要职责是为人间解救危难。

佛教提倡慈悲为善，确定七月十五日是盂兰盆节。在古印度雨季的三个月里，佛教仪规禁止僧尼外出，说是外出容易伤害草木虫蚁，要求僧尼在寺内坐禅修学，接受供养，这段时期称为“安居期”。佛教传到中国以后，根据季节的变化，规定安居期为四月十六日至七月十五日。后来又依据经书产生了“目犍连救母”的佛教传说故事。目犍连不忍死去的母亲在地狱里受苦受罪，求助于佛祖。释迦牟尼说其母生前罪业太大，并非一人之力可救，告诉目犍连要在七月十五日，僧众安居终了之日，备好百味饮食，供养十方僧众，借助众僧之力，才可使其母亲解脱苦难。目犍连遵嘱照办，果然奏效。这种佛教活动，被称为“盂兰盆会”。“盂兰”是古印度梵语的音译，意为“倒悬”，形容亡人之苦。“盆”是汉语，指盛放供品的器皿。“盂兰盆”即指这样的佛教活动，可以超度亡灵，解脱先亡人的倒悬之苦。山西五台山佛教界，在七月十五日都要隆重举办盂兰盆会，念经超度亡灵。周围信众要到寺庙摆供、响炮、祈祷，为祖宗赎罪，祝亡人解脱苦难。

我国佛教借助儒家传统的“孝亲”礼俗，将七月十五日演化成弘扬佛法的“孝亲节”。不仅得到了我国传统文化的认可，也受到了官方和民间的普遍欢迎，因而对七月十五日的民俗活动影响也最大。

民间俗称七月十五日为“鬼节”，这是古人鬼魂信仰的表现。传说该日地府放出全部鬼魂，民间普遍要进行祭祀鬼魂的活动。这天，家家要上坟祭奠祖宗。晋南地区习惯用纸做灯，焚烧于坟前，意喻亡人前程光明。祭奠祖宗的食品喜用包子。如果先人亡故满三年，儿女们要在这一天脱去孝服，改穿常衣，俗称“换孝”。晋北地区上坟祭奠祖宗要用精心制作的圆形馍馍，在馍中间点一个红点。摆完供，烧完纸后，回家时要从地里挽几棵谷子和麻，用绿色纸条缠绕，立置窗前，供奉面

河曲七月十五河灯会

人一尊。过完节后移到房顶，根朝里，谷穗露在外面，称为“拣麻谷”，以求保佑五谷丰登。

山西各地普遍讲究七月十五要放河灯，这是七月十五日祭奠亡人最隆重的活动了。放河灯的习俗起源于印度。据说在佛祖释迦牟尼的故乡，佛教信徒每年于七月十五日举行盂兰盆会，放河灯追祭祖先、超度亡灵。山西民间常用木板与五色纸做成各色彩灯，中间点燃蜡烛放入河水中让其随水漂流。人们会根据纸灯漂浮情况来推测亡灵是否得到超度，如果灯在水中打转就认为亡灵被鬼魂缠住了，灯如果在水中沉没则认为亡灵得到拯救并已转生投胎，灯漂远或靠岸则认为亡灵已到彼岸世界进入天国了。

晋西北的河曲县城，紧临黄河，河道开阔，水流平缓。河曲河灯会在每年的农历七月十五前后三日举办，地点在县城西门外的“西口古渡”。当年成千上万的人就是由这里走上西口的淘金之路，因此选择这里作为给死难的亲人超度亡灵的地方。放河灯有正式的仪式。灯会举办前要举行放河灯祭禹仪式，将粘糊好的河灯供于神禹位前，祭奠大禹。其后，僧人诵经，民众把做好的河灯列队供于神龛前，祈求神禹消灾免难，保佑风调雨顺。当夜幕降临的时候，主持人鸣炮点燃火把，僧人诵经将神位前的花灯列队送到渡口，船工驾木船，载着各种河灯，逆水上行大约半公里，在急流中心抛锚停立。有船工提油壶给河灯挨个注入胡油，依次点亮，待准备就绪，乐工们便奏起乐曲，随着乐声，一盏盏花灯被放入河中。“放一盏河灯，祈一生平安。”河曲河灯最早的记载可见明万历《河曲县志》，明弘治十三年（1500 年），知县李邦彦率众祭奠大禹，放河灯。清道光十三年（1833 年）重修禹王庙，晋、陕、蒙边民捐资，并将祭奠大禹、放河灯的历史情形绘于墙壁而记之。河曲县位于黄河之东，隔河相望，西南是陕西，西北是内蒙，是一个“鸡鸣三省”的特殊地区。河曲河灯会是禹文化、鬼神文化和西口文化相结合的文化产物，是晋、陕、蒙三省区黄河边的民众共同参与的一项隆重的民俗活动。传统习俗上讲，一般每天要放河灯 360 盏（因农历每年 360 天），期盼一年 360 天

天天可以平安、快乐。随着时代的变迁，河曲人早已不再走西口，河灯会的意义也发生了变化。如今放 365 盏灯，预示一年 365 天每天吉祥如意。现在，每到七月十五日夜晚的河曲放河灯也都极为壮观。届时全城男女老少齐集黄河岸边的戏台前广场，竞观河灯。各色彩灯顺水漂移，小孩子紧盯着自家的灯能漂多远。老人们嘴里念念叨叨，不断祈祷。河曲县政府从 2005 年开始主办放河灯会这个活动，不仅延续了放河灯的习俗，同时还举行盛大的焰火晚会，这已经成为当地文化交流、发展经济、联络情感的重要载体。河曲河灯会 2006 年被收入山西省第一批非物质文化遗产名录，2008 年被列为第二批国家级非物质文化遗产名录。

晋南汾河及涑水两岸在七月十五也盛行放河灯，当地河灯多用瓜皮、纸张制作，有油灯也有蜡烛灯。河灯不仅带去了后人怀念祖辈之情，也带来了民间企盼平安和对美好生活的向往之情。

七月十五日，在山西民间还盛行祭祀活动。祭祀土地和庄稼时，将供品撒进田地，烧纸以后，再用剪成碎条的五色纸，缠绕在农作物的穗子上。传说可以避免冰雹袭击，庄稼就能获得大丰收。山西人常说“立了秋，挂锄钩”，这时候麦地大都耕过，秋田只等收割，正是个农忙中的小农闲季节。每到中元节人们会蒸好多馍来祭祀祖先，看望嫁出去的闺女与改善一下自

造型多样的定襄花馍

己的生活。中元节祭祖，有的村子用谷麻祭祖先，拿现在的话来说实际上是向祖先汇报一年来农牧业的丰收情况。因而中元馍的花样也多偏重于这一方向，有茄子、桃子、猪头、羊羔、麦秸顶、坐婆婆、针线簸箕等，它们有的是反映农业收获的，有的是反映畜牧情况的，有的则是反映女工针织状况的。因为中元节所做的馍羊羔最多，所以七月十五的馍，群众又称“羊羔馍”。其做工之精细比春节馍更为讲究。以羊羔馍为例，有凝神远眺者，有俯首觅食者，有纵身欲跳者，有肆意戏耍者，真是千姿百态，一个个栩栩如生。为图吉利，今天山西特别是晋西北人民又把中元节改称为文化内涵非常丰富的“面塑节”。一家蒸花馍，四邻来帮忙。比如定襄的花馍就很有讲究，要捏成羊、虎、牛、鱼、兔、人等各种造型，有儿孙满堂、福寿双全、连年有余等各种吉祥意寓。这些面塑蒸熟以后，再经过五

色着彩，精心点缀，看上去个个栩栩如生，每一件都可以称为绝佳的手工艺品。如今，七月十五看面塑，成为农家妇女一展灵巧手艺的节目了，山西人民已经把七月十五日当作吉利喜庆的“面塑节”了。

中秋节

八月十五日，即中秋节，是秋季最隆重的节日。中秋节与春季的元宵节、夏季的端午节，并称为一年之中的三大节日。天下炎黄子孙，无不同日而庆。中秋节有悠久的历史，古代帝王有春天祭日、秋天祭月的礼制。远在上古时期的自然崇拜中，太阳和月亮就成为人类的主要敬仰对象，月亮“十二度

晋北的油酥月饼

圆皆好看，其中圆极是中秋”。比起夏季的酷热，冬季的严寒来，秋季显得天高云淡，最是清爽宜人。至迟在西周时期，就非常隆重地于秋季进行拜月活动了。早在《周礼》中就有“中秋”一词的记载。据《礼记》载：“天子春朝日，秋夕月。朝日之朝，夕月之夕。”这里的夕月之夕，指的正是夜晚祭祀月亮。随着社会文明的不断前进发展，古人对月球世界的想象也越来越丰富。从月中有蟾蜍之说扩展为玉兔捣药、吴刚伐桂，最后以嫦娥的故事情节将月宫胜景推向了巅峰。自汉至唐，文人墨客纷纷咏叹月中之事，八月十五日成了抒发感情的极佳时刻。到了北宋太宗年间，官家正式定八月十五日为中秋节，取意于三秋之正中，届时万民同庆。

中秋节成为一年之中的重大节日，还与科举考试有着密切的联系。在我国长期的封建社会里，开科取士一直是统治者格外重视的一件大事。而三年一次的秋闱大比，恰好安排在八月里举行。胜景与激情结合在一起，人们便将应试高中者，誉为月中折桂之人。同时，又派生出许许多多有关的传说故事。天上的月宫，进一步成了读书人美好理想的寄托。每到中秋，必须进行隆重庆贺，便成为全社会的重要风俗，历朝历代，盛行不衰。

俗话讲：“八月十五月正圆，中秋月饼香又甜。”月饼作为一种食品，大约在唐代就出现了，宋代已经非常讲究，明代进

一步成为中秋佳节的必备食品。因其形圆，与天上月亮相似，故名月饼。月饼最初是用来祭奉月神的祭品，也只是像菱花饼一样的饼形食品。后来人们逐渐把中秋赏月与品尝月饼结合在一起，寓意家人团圆。如今，月饼既是祭月供品，又是全家人欢度中秋节的食品，还作为赠送亲友的礼品。山西月饼的品种，从皮的性质上看，大体可分酥皮和提浆两种。酥皮色泽金黄油润，表皮层次分明，图案简单。提浆糖质纯净，一般上模印制，图案精美，有“嫦娥奔月”“银河明月”“犀牛望月”等等，皆取意于神话传说故事。从馅的配料上看，有红糖与白糖之分。佐料有玫瑰丝、桃仁、杏仁、核桃仁、柿子、红枣、花生米等等。

山西许多农村地区习惯自己制作月饼，称为“打月饼”。每逢节日来临，村村都要架炉。各家准备好面、油、糖、馅，由精通手艺的老师傅制作，也有不少人家是自己动手精心制作。山西全省各地的月饼以圆形为主，也有葫芦形、桃形和月牙形的。月饼馅有红枣、核桃、豆类、柿子、果脯、红糖等种类。祭月月饼讲究四个一斤，寓意“四平八稳，对称和谐”。祭月的主要物品是月饼，月饼分为祭月月饼（也称为“团圆月饼”）和普通的食用月饼。另外，还有西瓜、葡萄、毛豆等也作为祭月物品。西瓜取其音“喜”，取其形“圆”，取其瓤“红”，取其子“多”，意寓着全家人欢欢喜喜、团团圆圆、红红火火、多子多福。西瓜要保存至中秋节使用，必须在收获时就精心挑选半熟、皮厚、无伤的西瓜特意保留下来专为祭月用。晋南一带民间传说，西瓜是一种野兽的头，它凶猛强悍，每逢八月十五的夜晚总要出来伤人，人们借吃西瓜（兽头）以解气。葡萄在中国种植历史悠久，是山西晋中和太原一带的特产，它恰好在中秋时节成熟。葡萄蔓子繁多、晶莹圆润，很早就成为民间风俗中多子多福、家庭兴旺发达的象征物，用葡萄祭月也是山西人久远的历史传承。而毛豆则要选嫩黄连枝的煮熟，金黄的颜色、清香的口味都是兔子最爱吃的。据说毛豆是祭月时专门给兔子准备的。晋西北许多地方习惯祭供嫩玉米，也是兔子喜爱的食物。此外，祭月时还会供些苹果、梨、柿子等应季水果。晋中有些地方把西瓜去瓤后镂刻出各种各样的图案，在西瓜中间放置一盏油灯，灯光从镂空的瓜皮间透射出来，柔和美观，增添了节日的气氛。

在山西省境内，晋南晋北祭月用的月饼也是有差异的。晋南地区习惯用温水和面，各家制作一个特大型的月饼，专门用来祭月。晋北地区祭月习惯用套饼，由小到大，垒起来就像一座宝塔。繁峙县有一种特殊的中秋月饼，习惯做成球形，是当地农家的独特创造。晋西北的月饼，和面全部采用胡麻油。农家打月饼，特别讲究制作一些兔儿形状的小月饼，是专门送给小孩子的礼品，希望他们将来能够“蟾宫折桂”，步入仕途，

表示大人对孩子的美好祝福。

山西乡村制作月饼的木制模具最具地方特色，山西人叫“月饼模子”。精雕细琢的月饼模子是家家户户喜爱的宝物，许多人家都以拥有几件精制的模子为荣。月饼模子以枣木为佳，视木材大小制作成不同尺寸的月饼，小则三五寸，大则过尺，上面大都镂刻神话中的“广寒宫”“玉兔”等花纹图案。制作月饼时，要将事先做好的面饼坯子放入模子中，用力压实，然后朝下用巧力将月饼敲出，圆圆的月饼上就会印出各种花纹图案，然后经过烘烧定形即可。

八月十五日，天上月圆，地下饼圆，所以人们又把中秋节称为“团圆节”。山西人普遍称中秋节为“八月十五”，是民间仅次于春节的大节日。山西民间特别注重此时此刻的全家团聚，外出的人一般都要在这天回家过节，并且还习惯买上一些高级月饼带回家。出嫁的姑娘忌在娘家过中秋节，要回到婆家与丈夫一块赏月。新媳妇回婆家必须由女婿来请，女婿叫媳妇要给岳父岳母送月饼作为礼品。大同人把月饼称为团圆饼，在中秋夜还有守夜之俗。晋东南地区，八月十五日女方家要请女婿上门，设酒招待。

到了中秋节，一年生产的丰收基本已定，气候温和凉爽，人们准备月饼和各种水果等，全家人在月光下，饮酒祭月，并且庆祝阖家团圆。山西民间祭月的场所大多在室外，中秋之夜，在院落东面摆上供桌，上面摆放月神图像、月饼、西瓜、毛豆、水果等祭月物品，点燃香炉中的香。祭月的西瓜特别讲究切成莲花形状，其原因可能是受到佛家的影响，佛教崇莲，佛国乐园被称为莲花世界，佛教神灵都身居莲座。不过民间的解释却是“连生贵子”。今天则是图了好看而已。过去民间拜月，还要挂一张月光图，就是纸上画月中嫦娥，配玉兔、木杵、桂树等景。一切准备就绪，便可开始祭月了。这时，全家肃立院中，仰望空中明月，叩头敬献，口中和心里默念如“八月十五月儿圆，西瓜月饼敬神仙，有吃有喝还有穿，一家大小都平安”之类祈福安好的拜月语句。待玉兔东升，月光照耀桌上的供品，表示月光菩萨已经领受了祭拜的情意。拜月结束后，全家人便围坐在一起，共享祭品，将一块大月饼按人切块，每人一份。对未能回来过节者，家人也要给其留一份月饼保管起来，待其回来时享用。晋南中秋之夜祭月和吃完月饼之后，村里的小伙子们还要在夜色中打马鞭，以音大且清脆者为佳。有些地方当晚还要点硫磺灯，称为“龙火”。

但是，作为团圆节的八月十五，在山西神池、宁武等地的一些农村地区却流传着“照命”习俗。即在月下放一碗清水，让绣花针悬浮于水面，观察月光所照投射到碗底的针影，针头、针身、针尾，各象征人一生的青年、壮年、老年三个阶

段，哪一段影子粗则预示人在哪一段的福气大。这个习俗也叫“观影测命”游戏。

如今，随着经济的发展，人们生活水平的提高和人际交往的需要，月饼的品种和形式不断增加，既有山西本地的传统月饼，如郭杜林月饼、混糖月饼、提浆月饼等，还有许多异地风味的月饼涌入山西。山西农村中秋节的月饼品种也是越来越丰富，外形精美、口味清甜的京式月饼，皮薄馅多、咸中有甜的广式月饼，油而不腻、甜而爽口的苏式月饼等等，都已走进了农家小院，成为农村过节的普通食品了。月饼作为亲朋好友之间情感维系和社会交往的重要信物，在山西民间节日礼俗中依然得以延续。

重阳节

农历九月初九，二九相逢，称为“重九”，民间在该日有登高、饮酒、系茱萸避邪的风俗。汉代中叶以后的儒家阴阳观，有“六阴九阳”之说。九是阳数，故重九亦叫“重阳”。由于九月初九“九九”谐音为“久久”，有长久之意，所以常在此日举行祭祖和敬老活动，称为“重阳节”“重九节”。

重阳的源头，可追溯到先秦。《吕氏春秋》之中《季秋纪》载：“（九月）命冢宰，农事备收，举五种之要。藏帝籍之收于神仓，祗敬必饬。”“是日也，大飨帝，尝牺牲，告备于天子。”可见当时已有在秋九月农作物丰收之时祭飨天帝、祭祖，以谢天帝和祖先恩德的活动。从汉代开始，过重阳节渐为流行。相传汉高祖刘邦的妃子戚夫人遭到吕后的谋害，其身前一位侍女贾氏被逐出宫，嫁与贫民为妻，贾氏便把重阳的活动带到了民间。贾氏对人说，皇宫中每年九月初九，都要佩茱萸、食篷饵、饮菊花酒，以求长寿，从此重阳的风俗便在民间传开了。唐朝时，重阳节被定为正式节日。从此以后，宫廷、民间一起庆祝重阳节，并且在节日期间进行各种各样的活动。后来在长时期的演变过程中，原来的避邪习俗逐渐被注入了欢快的内容，演变成了今天的娱乐形式。

九这个数字，是个位数中最大的数字，称之为至数。古人特别讲究物极必反的事物规律，从自然规律的角度来讲，农历

福寿绵延的寿面

九月初九在自然气候的征兆上，又是暑热已过，寒秋袭来；百花多数残败，树叶开始飘零；清阳之气逐渐消失，肃杀之意阵阵逼人：预示着寒冬即将来临，给人一种凄凉的感觉。所以在古人眼里，九月九日完全是一个不吉利的日子。此时是地气上升，天气下降，天地之气交接，便会产生一种不正之气。为了避免邪气中身，便采用了一系列的措施来进行抗衡。登高，古人本来是为了避邪。唐人王维的“遥知兄弟登高处，遍插茱萸少一人”，便是这种情景的写照。茱萸，是一种中药植物，气味辛烈，燃熏后可以辟虫虺，古人习惯在九月佩戴以驱邪。

登高郊游是重阳节的重要习俗之一，山西人登高有的是就近登山郊游，有的是登城楼或高耸的古建筑远眺。饱览大好河山，观仰名胜古迹，成为节日的盛举。如介休绵山、灵石石膏山、沁源灵空山、五台山诸台顶、大同红石崖、宁武官涔山、方山北武当等地，每逢重阳节，漫山遍野的秋花红叶都会迎来络绎不绝的登山游人。晋南自古以来就是农耕文化形成的重地，至今还在山西民间传诵着“乾坤开胜概，我辈合登高”“东风留不住，冉冉起峰头”“九月欣新霁，三农庆有秋”等名言。万荣重阳节传统习俗是在稷王山举行庙会，赶会的人都以登高为乐事。灵石县每到重阳，家家户户讲究吃糕，以代登高之意，或者邀请亲朋好友聚会文昌阁看戏。晋北地区登高习俗淡薄，由于地域关系，受古代北方少数民族骑马练射风俗的影响，每逢九月九日，年轻人常常去登山打兔子或逮山鸡，并在郊外野餐。太原的天龙山、崛围山是历代游人重阳登高的绝好之地。天龙山山势险峻、奇峰突兀、山川回转、松柏相拥、凉爽静幽，吸引着周围百姓登高游览。崛围山自古桦柏成林，尤其是秋色优美的“崛围山红叶”最为有名，是“晋阳古八景”之首。

金秋时节，正是菊花盛开的季节。赏菊也是重阳节的一项传统活动，古人在赏菊之时，还习惯痛饮菊花酒。如今，山西各地大多会在九九重阳节举办菊花展。太原、大同、运城许多城市在九月九日前后举办的菊花展览，每年都会有新培育的品种面世，花叶形态也会有新的变化，规模都十分可观，经常是万人空巷，大家争相齐睹菊花胜景。人们在赏菊之时习惯采集菊花晾干泡水饮用，称为菊花茶，具有镇静利尿、清热解毒的功效。不少人仍喜欢在这天饮菊花酒，多数是在酒中泡点干菊花。晋北一些地方，喜欢在门外饮酒，称为“辞青”，意喻告别秋天。如今山西民间妇女仍有采一朵野菊花，插在头顶或戴在胸前的习俗。

九月初九的“重阳节”，正是秋收大忙之时，山西人大都有吃糕的习惯，称为“花糕”“发糕”“菊糕”，寓意早日升高、步步高升。重阳糕是山西面食糕点的传统品种之一，以枣泥、

银杏、松子、杏仁等为馅，每铺一层面夹一层馅，共九层，象征“九重天”；也有的在糕上做两只小羊，寓意“重阳”；还有的在糕上插彩旗，以图吉庆。而在晋东南地区及五台县等地，习惯吃寿面，取意健康长寿。晋南地区有“九月九，家家有”的民谚，意思是说这一天家家户户都要改善生活。山西有些地方的农村妇女在重阳节这天休息，不动针线活；嫁出去的闺女要回娘家吃重阳糕。民间有谚曰“九月九，又吃油糕又喝酒”“九月九，精大软米咬一口”等，也是象征丰收高兴的意思。

山西民间俗信“九”为不吉利的数字，民间广泛流传着“人逢九，必多灾”的说法，因此山西人普遍在逢九之年穿红衣、系红腰带，以避灾祸。而重阳节恰逢“重九”之日，这种崇尚红色的避灾习俗在山西人中间格外讲究。

山西的重阳节还有尊师重教和尊老敬老的习俗。旧俗九月九日，山西许多村里要由学董（负责学校日常事务的人）牵头，组织村民杀一只羊做饭菜，盛情招待教书先生。同时商讨本村下一年的教书事宜，或继续留聘，或另请高明。今天学校教师多为公职人员，不少农村仍然习惯在这一天宴请老师。另外，20 世纪 80 年代起，中国把九月初九日定为老人节、敬老节，倡导全社会树立尊老、敬老、爱老、助老的风气。今天的九九重阳节，成了象征老年人长寿的佳节，这天人们习惯去慰问老人。老人们则喜欢到户外参加各种活动，体魄强壮者还要登上附近的高处，极目远眺，以壮情志。古老的重阳节增加了许多现代气息，被赋予了新的文化内容。

满怀憧憬的冬季节日民俗

雪花飘飘、干燥寒冷的冬季，既是农闲季节，更是充满期盼与憧憬的季节，山西的冬季节日民俗有寒衣节、开斋节、冬至节、腊八节，这些节日在继承中国传统节日文化的基础上，又融入了山西人独有的年节内容，包含了诸多的民俗活动。

寒衣节

十月初一日称“送寒衣节”，又称“十月朝”“祭祖节”“冥阴节”，与春季的清明节、秋季的中元节，并称为一年之中的三大“鬼节”。这一天，特别注重祭奠先亡之人。人们为缅怀祖先，在冬天来临之际要给祖先做些带棉花的纸衣上坟，俗称“送寒衣”，体现出生者对逝者的人文关怀。

民间传说，孟姜女新婚不久，丈夫就被抓去服徭役，修筑

晋北寒衣

万里长城。秋去冬来，孟姜女千里迢迢，历尽艰辛，为丈夫送衣御寒。谁知丈夫却屈死在工地，还被埋在城墙之下。孟姜女悲痛欲绝，指天哀号呼喊，感动了上天，哭倒了长城，找到了丈夫尸体，用带来的棉衣重新装殓安葬。由此而产生了“送寒衣节”。

其实，寒衣节是与春夏秋冬往复循环的自然时令紧密相联的。十月为孟冬，农历十月初一日是进入寒冬季节的第一天，此后天气渐渐寒冷，人们怕在冥间的祖先灵魂缺衣少穿，就由生者的御寒加衣，想到死者的防冷需要。因此，祭祀时除了食物、香烛、纸钱等一般供物外，还有一种不可缺少的供物——冥衣。在祭祀时，人们把冥衣焚化给祖先，叫作“送寒衣”。

晋南地区送寒衣时，讲究在五色纸里夹裹一些棉花，说是为亡者做棉衣、棉被使用。晋北地区送寒衣时，要将五色纸分别做成衣、帽、鞋、被等各种样式，甚至还要制作一套纸房舍，瓦柱分明，门窗俱备。这些纸制工艺品除体积缩小之外，看上去比真房院还要精致漂亮。凡是要送给死者的衣物、冥钞诸物，都必须烧得干干净净，只有这样这些阳世的纸张，才能转化为阴曹地府的绸缎布匹、房舍衣衾及金银铜钱。只要有一点没有烧尽，就前功尽弃，亡人不能使用。所以十月一日烧寒衣，要特别认真细致。这种行动虽然看来好笑，却也反映了生者对亡人的哀思与崇敬，属于一种精神上的寄托。焚烧寒衣，

有的地方在亡者坟前进行，讲究在太阳出山前上坟。有的地方讲究在自家门前焚烧祭物。雁北许多地方及晋中的平遥等县，傍晚妇女要在门外放声大哭。临县旧日传有一诗：“粘纸成衣费剪裁，凌晨烧去化灰埃。御寒泉台果否用？但闻悲声顺耳来！”既描述了送寒衣的情景，又对其传说效应提出了质疑。民间送寒衣时，还讲究在十字路口焚烧一些五色纸，象征布帛类。目的是救济那些无人祭祀的绝户孤魂，以免给亲人送去的过冬用物被他们抢去。

山西民间在十月一日，不仅要为亡人送寒衣过冬，就是生者也要进行一些象征过冬的传统活动。妇女们要在这一天将做好的棉衣拿出来，让儿女、丈夫换季。如果此时天气仍然暖和，不适宜穿棉，也要督促儿女、丈夫试穿一下，图个吉利。男人们则习惯在这一天整理火炉、烟筒。安装完毕后，还要试着生一下火，以保证天寒时顺利取暖。

此外，山西民间在十月一日还有一些习俗。如，儿女们守孝，穿三年孝服，孝满之年的十月初一日要换穿成常服。先人的迁坟合葬等仪式，民间也总是习惯在十月一日进行。十月一日，妇女忌出行。民间为改善生活，许多山区在这天讲究吃荞面、莜面。

“十月朝日送寒衣，天色阴沉泪雨滴。晓风迎露祭悲悯，五色青烟相思寄。”人们在农历十月初一送寒衣，实际上是要表达对祖先的怀念和感恩，应当得到尊重。但鉴于环境污染问题，应对送寒衣方式加以正确引导，移风易俗，使这种祭奠祖先、感恩逝者的行为得以正确传承。

开斋节

开斋节为伊斯兰三大宗教节日之一，是伊斯兰教教徒守斋的月份。

山西居住着许多回族民众，皆信奉回教，即伊斯兰教，亦称“清真教”，教徒通称为穆斯林。他们习惯采用回历纪年，在回历的十月一日，回民要欢度开斋节。回历属于纯阴历，一年只有354天或者355天，比太阳历每年少十天或者十一天，同时也不设闰月。所以回历的月份和季节的变化没有固定的关系。同一个节日，可以出现在春、夏、秋、冬的不同季节里。大约每三十二年循环一次。

开斋节既是宗教节日，又是民族节日，回民将它看作本民族的年节，就像汉族欢度春节一样隆重热烈。清真寺要张贴对联，上面书写赞颂真主的词语。每个人都要沐浴，穿上最洁美的衣服，到清真寺参加会礼仪式。家家要备办节日佳肴，宴请宾客。午饭后，还要探亲访友，互致节日的问候。男子在这一天习惯走坟。

教仪规定，成年穆斯林每年要守斋一个月。在斋月期间，每天于日出前吃好封斋饭。从日出到日落这段时间里，则不准吃任何东西，抽烟者还要自觉戒烟。总之，人人要谨言慎行，克制一切私欲，以表示笃信真主安拉。不过老弱病幼者，可以不用守斋，但是也要尽量节制饮食。期满则可开斋，称为“开斋节”。

除开斋节以外，回民还要过两个重要节日。一个是古尔邦节，亦称“宰牲节”，在回历的十二月十日。主要民俗是每家宰杀一只羊，约留三分之一自食，其余大部分要赠送亲友和其他教徒。另一个是圣纪节，为伊斯兰教创始人穆罕默德的诞辰纪念日，在回历的三月十二日。教徒们参加会礼后，由阿訇宣经布道，即阐发《古兰经》或讲述穆罕默德的故事。

山西回民一般不过汉族的节日。但年节、端午、中秋例外，与汉民一样，也吃粽子、月饼。太原大南门北就有一座清真寺，每年的回历十月一日，这里是回族人欢度开斋节的集会场所。

冬至节

“冬至”俗称“冬节”。在这一天，因为太阳刚好直射在南回归线（又称为“冬至线”）上，使得北半球的白天最短，黑

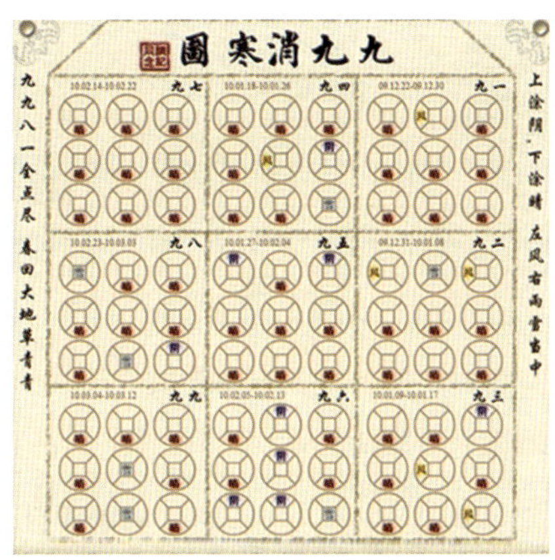

九九消寒图

夜最长。殷周时期，规定冬至前一天为岁终之日，冬至节实质上相当于今天的春节。后来实施夏历，但冬至一直排在二十四个节气的首位，有“冬至大如年”的说法，称之为“亚岁”。从汉代以来，冬至都要举行庆贺仪式，高峰时期朝廷休假三天，君不听政。民间歇市三天，欢度节日，其热闹程度不亚于过年。

每当冬至降临，汉族民间就有贴九九消寒图的习俗，其寓意是“以九天作一单元，连数九个九天，到九九共八十一天，冬天就过去了”，故有“九九消寒”之谚。“九九消寒图”有讲究画梅花的，有画梅花一枝，素墨勾出九九八十一朵花。每天用红笔或黑笔涂染一朵花瓣，花瓣尽而九九出，称为“九九消

寒图”。有的是横十画，竖十画，制成一个九九八十一格的方块图表，每天涂抹一格，九尽格满，称为“九九消寒表”。有的画九个中空的格子，选好九个字，每字必须是九画。每日写一笔，最后成为一句话，如“亭前屋后看劲柏峥骨”等语，其称为“九九消寒句”。最雅致的是作九体对联。每联九字，每字九画，每天在上下联各填一笔，如上联写有“春泉垂春柳春染春美”，下联对以“秋院挂秋柿秋送秋香”，称为“九九消寒迎春联”。当然，各家具体采用什么形式，往往根据主人的爱好和文化素质而定。山西民间还留有九九消寒图民谚：“下点天阴上点晴，左风右雾雪中心。图中点得墨黑黑，门外已是草茵茵。”

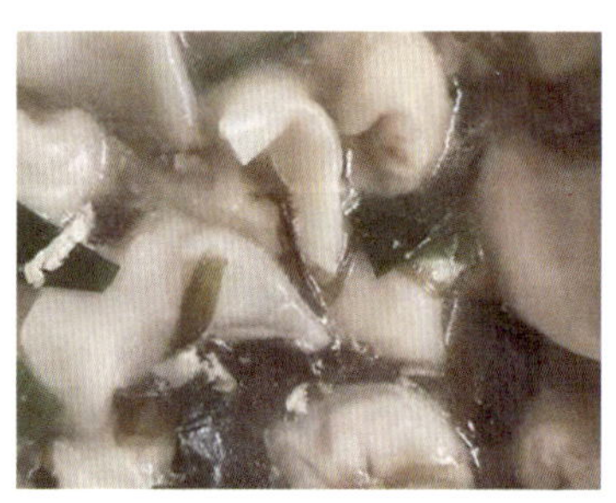

冬至馄饨

冬至节，山西民间旧俗还习惯赠鞋，此俗渊源久远。《中华古今注》说：“汉有绣鸳鸯履，昭帝令冬至日上舅姑。”曹植《冬至献袜履表》亦有“亚岁迎祥，履长纳庆”的句子。后来，赠鞋于舅姑的习俗，逐渐变成了舅姑赠鞋帽于甥侄了，主要体现在孩童身上。过去主要是手工刺绣，送给男子的礼物，帽子多做成虎形、狗形，鞋上刺绣多是猛兽。送给女孩子的礼物，帽子多做成凤形，鞋上刺绣多为花鸟。现在则多数是从集市购买，形式紧跟着时代的潮流。每逢节日，大人们总喜欢抱着小孩串门子，夸耀舅姑赠送的鞋帽。

冬至是山西民间在农历十一月的重要节日。冬至节，晋北地区的男孩子习惯玩打岗游戏。每人手中持一块手掌大的方形石片，一方立起，另一方按规定的成套动作，依次序掷击瞄打。打倒对方所立的岗时，继续往下进行。失败后即与对方交换掷打，先完成全部程序者为赢。女孩子们则习惯踢毽子，形式也是各种各样。

冬至节，山西民间还有尊师重教的优良传统。山西境内

冬至饺子

十一月是农闲季节，早在汉代，学童拜师读书就定在十一月。《四民月令》中记载："十一月砚冻，幼童读孝经论语"，于是便形成了冬至节拜师的习俗。民间敬师主要有两种方式，一是由学董牵头，杀羊宰鸡，宴请先生，村里头面人物作陪。岢岚现在还用这个习俗来表示对先生一年来辛苦教育的谢意。二是学童家长备菜赠送先生，学童端一条形盘，里面放上精美菜肴、主食及一壶酒，奉送先生。冬至节，先生要带领学生拜孔子牌位，然后由学董带领学生拜先生。山西民间至今仍有冬至节请教师吃饭的尊师习俗。晋西北习惯用炖羊肉招待教师，其情甚浓。此外，过去佣工扛活的，习惯在冬至节与东家结算工钱，准备回家。东家按传统要设宴招待伙计，并且相互商议下一年的事宜。今天，一些农村个体户企业，还保留此俗，在冬至节设宴共饮。

冬至节，时已至严冬，天寒地冻，俗称"新冬"。在冬至，山西大部分地区习惯吃饺子，传说冬至节吃了饺子不冻耳朵。冬至除了吃馄饨、饺子外，山西一些地方还以糕为食，如和顺"迎冬就年"吃油糕，灵石吃黍米糕，平鲁有"闹冬"的风俗，鸡肉蘸素糕配羊汤吃。

腊八节

十二月初八日，称为“腊八节”。腊八节应起源于上古时代的蜡祭。我国自古就重视农业，每当农业生产获得丰收时，古人便认为是天地万物诸神护佑的结果，要举行庆祝农业丰收的盛大报谢典礼，称为“大蜡”。《郊特牲》中记载：“蜡也者，索也，岁十二月，合祭万物而索乡之也。”蜡祭仪式结束以后，古人要进行宴乡活动，用新产的黍糜做粥，大伙儿聚餐，欢度佳节。最初的蜡祭，也包括祭祀祖宗在内，后来发展成以祭祀祖宗为主。《风俗通》记载：“夏曰嘉平，殷曰清祀，周曰大蜡，汉改曰腊。腊者，猎也，田猎取兽祭先祖也。”《荆楚岁时记》记载：“十二月八日为腊日”，反映了民间传承的“大蜡”传统

用料精细的腊八粥

的具体日期。

《郊特牲》记载说，古代有“天子大蜡八”，流传下来，腊月初八便成为民间的风俗节日。自从佛教传入中国以后，借助腊八祭祖与吃粥的民俗，进行布道，又有了十二月初八是佛祖释迦牟尼成道日的传说故事。其大意是释迦牟尼成佛之前，曾修苦行多年，饿得骨瘦如柴，决定放弃苦行。此时遇见一位牧女，送给他乳糜充饥。食后体力恢复，坐菩提树下沉思，于十二月八日成道。为纪念此事，佛教徒便以米加果物煮粥，届时供佛，称为“腊八粥”。

山西腊八节这天节俗活动多种多样，节日内涵丰富多彩。每到腊月初七日，五台山佛教界便非常忙碌。清扫佛殿，擦洗供器，清洗平时很少用的大铜锅以备熬制腊八粥。腊八这天，要用米专门煮粥，原料主要是小米、黄米加红豆、绿豆，佐以红枣、松子及苔蘑等等，称为“七宝五味粥”。大铜锅熬粥要用温火整整熬制一个晚上。熬好的粥除了用来供佛及僧众自食外，还用来施舍穷人。如今五台山腊八粥的用料比以前精细丰富多了，但各寺庙仍然习惯多熬些粥，仿效传说中牧女献乳糜的样子，要在每尊佛、菩萨、罗汉像前供奉。同时这天要举行诵经活动，八音鼓乐、香烟、蜡光，场面非常庄严隆重。

腊八粥，讲究选用八种主料和八种佐料，根据喜好和习惯选用，以与腊八的“八”相吻合，意喻吉利。晋南地区多数人家选用“五豆、三米”做腊八粥，常见者为红豆、绿豆、黄豆、豇豆、扁豆五种豆子加小米、小麦、玉米。晋北许多地方却不喜欢用扁豆、小麦及玉米，而改用莲豆、黄米及高粱米。也有选用其他豆、米的。八主八佐的腊八粥，色泽斑斓，味道极佳，吃时绵软而又不糊口。

山西一般有“荤年素腊八”的说法。山区百姓习惯在腊八粥里熬煮一些蔬菜。但在晋东南地区，腊八粥是用肉汁煮江米，再加入大枣、栗子、榛子、杏仁等干果制成。

腊八节，娄烦县等地习惯吃“捂麻雀饽饽”“打麻雀面”。具体做法是，把面捻成圪垛垛，搓成圪搓搓，煮熟捞出来，在院里撒一点儿，表示捂麻雀、打麻雀、消灭麻雀。这些地方位于山区，山林草坡茂盛，麻雀很多，对农作物危害不小。吃“捂麻雀饽饽”“打麻雀面”，体现了老百姓对麻雀为害的憎恶。

晋北许多地方在腊月初七日下河取冰块，冰块除留一部分供神外，其余全部倒在水缸内溶化，以备次日早晨做“腊八粥”使用。有的地方做腊八粥所用的水全部是冰块所化。与腊八节相关，山西南部地区习惯在腊月初一炒豆子，腊月初五吃五豆饭。五豆饭大体分两种类型，如长治等地是以小米和红豆、黄豆、绿豆、豇豆、豌豆，制成粥饭；而运城等地是将大豆、小豆、红豆、绿豆、豌豆等五种豆子煮熟后，下面条食用，称为“吃五豆”。民间有“吃了五豆，长一斧头”的说法。

山西民间在腊八节，讲究在太阳不出山就吃饭，传说迟了要红眼。吃饭时，小孩端一碗粥，先用筷子往院内各棵树上抹一些，然后用斧头或木棍敲打树干三下，口中还唱道“管你结枣不结枣，年年打你三斧脑”“看你结杏不结杏，年年打你大三棍”等等，习惯称之为“祭树”，也有除虫防虫的作用。旧俗，学生家做好腊八粥要给先生敬送。现在，许多山庄小村里仍保留着这一习俗。腊月初八日早上，小学生上学时，每人要端一碗腊八粥送给老师。这也是家长们对老师辛苦一年表示的一点敬意。

近年来，不少地方盛行用八宝粥代替传统的腊八粥。就是将蒸熟的糯米饭拌上糖、猪油及桂花，装入盛有莲子、红枣、樱桃、瓜子、杏仁等果料的碗内揿平，再经蒸制后扣在盘内，挂上糖卤汁而成。色泽光润，味道香甜。

腊月初八，在晋中、太原一带的城乡，还有泡制“腊八蒜”的习俗。腊八蒜，是把剥得干干净净的紫皮蒜放在一个大瓶子里，然后倒进满满一瓶醋，用纸糊住瓶口，密封起来，等到除夕时再把腊八蒜的瓶口打开、食用。浸泡过腊八蒜的醋，也称“腊八醋”，酸中带辣，辣里有酸。这种蒜醋，常常用来蘸饺子吃，味道相当鲜美，而且蒜的色泽呈青绿色，分外好看。吃在嘴里，并不很辣，脆而且香，是晋中、太原一带城乡腊月初八必须腌制的一种食品佐料。

腊八蒜

此外，忻州代县和崞县等地在腊八节有举办雪山会的习俗。农历十二月初八是释迦牟尼佛雪山成道吉日，次日在举行释迦牟尼佛祝圣仪式的同时，祈福国泰民安、风调雨顺、诸事顺遂、消灾免难，俗称“雪山会”。比如代县峨口镇就一直流传雪山会这一项民俗活动。腊八前，村民们就要到村边的河里采集冰块儿运到村中的寺庙中，雕刻成各种冰雕造型，有亭台楼阁、名胜景观，也有人物及动物，玲珑剔透、栩栩如生。腊八的这一天，本村和邻村的民众就会一起聚集在寺庙中，品尝腊八粥，欣赏冰雕作品，举办水陆法会等佛事活动，人来人往，熙熙攘攘，非常热闹。这项活动是这里春节文化活动的前奏，给人们带来了年的气息，拉开了热热闹闹过大年的序幕。

过了腊八节，民间就认为是已进入年节，要为过大年做准备工作。碾米，磨面，生豆芽，做豆腐，摊煎饼，赶集置办年

货。在平时勤俭过日子的庄稼人，到腊月里却最舍得花钱。如今农民日子富裕了，置买年货当然也就更丰盛、更高档了。正如一首山西儿歌所唱：“腊八到，过年了。爷爷好喝老白烧，奶奶爱吃胡花椒，妈妈要扯花布料，娃娃要响大麻炮，乐得爸爸哈哈笑。”

参考文献

丁世良、赵放主编:《中国地方志民俗资料汇编·华北卷》,书目文献出版社,1989年。

段友文:《汾河两岸的民俗与旅游》,旅游教育出版社,1995年。

郭裕怀主编:《山西社会大观》,上海书店出版社,2000年。

晋旅主编:《山西故事·民俗风物》,山西人民出版社,2015年。

聂元龙:《山西民俗摭拾》,山西人民出版社,2012年。

史耀清主编:《民俗寻根》,北京燕山出版社,2005年。

温幸、薛麦喜主编:《山西民俗》,山西人民出版社,1991年。

赵新平编著:《忻州历史文化丛书·民俗风情》,山西人民出版社,2017年。

后　记

山西表里河山，历史悠久，民俗文化资源丰富多样，地域特色十分明显。开展对山西民俗的研究，是我们在前期《山西文明史》研究基础上对山西文明研究的进一步细化与深入，这对于加强民俗文化资源的保护与利用，重塑山西精神，坚定文化自信，助推文旅融合，都具有积极意义。

《民俗山西》（共十册）于 2016 年 5 月立项并正式启动，由杨茂林担任学术指导及主编，董永刚具体负责组织实施，韩雪娇配合。该书在撰写上主要以社科院历史所人员为主，同时吸收了经济所、社会学所、语言所、原晋商研究中心、《五台山研究》编辑部等多位同志参与。由于该书内容庞杂、覆盖面广，为了尽可能做到材料详尽、史料准确，在编写过程中，项目组多次组织作者们分赴晋西北、晋南和晋东南等多地展开调研，并积极调动各方社会资源为书稿的编写提供线索和材料，有效地保证了项目的进度和质量。到 2019 年 10 月，全套初稿基本完成，但囿于撰写时间较短和作者专业不同的限制，书稿在写作风格、行文笔触、史料选取、图片使用及篇幅大小上存在明显不一，与最初设计有一定距离。为此，在杨茂林的统一指导下，我们又用了一年多时间，几经易稿，每一册书较前期都有大幅度的改动。直到 2021 年 9 月，整套丛书的修改和配图才基本完成并启动出版流程。难度不谓不大！

作为一套图文并茂的文化普及类图书，无论文字还是图片要求，与普通出版物有很大区别，尤其在图片的搜集和使用上，其困难超出我们的想象。为了得到好的图片资源，山西省考古研究院刘岩副院长、洪洞县文物旅游局刘慧副局长、黎城县民间文艺家协会李建华主席、商务印书馆薛亚娟女士、山西人民出版社席青女士等给予了我们很大支持。该丛书出版前夕，山西省书画院韩少辉院长欣然为本书题写了书名，在此，我们表示衷心感谢！同时也向在编写过程中给我们提供指导和提出建议的社会各界朋友表示诚挚的谢意！由于民俗图片要求特殊，本书在图片搜集过程中，也针对性地选取了几张源于图书和网络的图片，但未能与作者取得联系，为此，我们向作者表示歉意！必要情况下可以和出版社或本书作者取得联系。

编写此类图书是我们的第一次尝试，尽管我们付出了很多努力，但总难免有欠妥与谬误之处，恳请广大读者朋友及专家、学者提出宝贵意见和建议，以便改进我们的工作！

《民俗山西》编写组

2022 年 1 月